MUKEDI DIESTA - MPUTU Delphin

Redes informáticas:

MUKEDI DIESTA - MPUTU Delphin

Redes informáticas:

O mundo nas nossas mãos

ScienciaScripts

Imprint

Any brand names and product names mentioned in this book are subject to trademark, brand or patent protection and are trademarks or registered trademarks of their respective holders. The use of brand names, product names, common names, trade names, product descriptions etc. even without a particular marking in this work is in no way to be construed to mean that such names may be regarded as unrestricted in respect of trademark and brand protection legislation and could thus be used by anyone.

Cover image: www.ingimage.com

This book is a translation from the original published under ISBN 978-620-6-71243-5.

Publisher:
Sciencia Scripts
is a trademark of
Dodo Books Indian Ocean Ltd. and OmniScriptum S.R.L publishing group

120 High Road, East Finchley, London, N2 9ED, United Kingdom
Str. Armeneasca 28/1, office 1, Chisinau MD-2012, Republic of Moldova, Europe
Printed at: see last page
ISBN: 978-620-8-07845-4

Conteúdo

Desde então, as disciplinas científicas têm estado sempre no centro do desenvolvimento integral em todos os domínios e são a força vital de todas as nações.

Por sua vez, dão-nos o direito de contribuir para a sua expansão, que é alimentada ou reabastecida pela investigação, pelos contactos, pela experiência e pelos conhecimentos adquiridos.

Hoje em dia, as tecnologias da informação e da comunicação (TIC), de que os computadores fazem parte, apresentam uma série de lacunas, entre as quais a falta de livros, a espinha dorsal da maior parte das nossas bibliotecas e casas de leitores, uma vez que as bibliotecas virtuais ainda não foram criadas, embora nem todos tenham acesso a elas.

Esta tecnologia da informação e da comunicação está a mover o mundo inteiro e todos os sistemas de informação para garantir que são geridos com tranquilidade.

Sempre tivemos a preocupação de fornecer a amadores, profissionais, aprendizes e outros, ferramentas que possam ser utilizadas como diretrizes, contendo conceitos ou assuntos concisos.

Este manual, acessível a todos, contém, pelo menos, os elementos básicos das redes informáticas, indo ao encontro das necessidades dos interessados, nomeadamente :   materiais/equipamentos,
transmissão de dados, etc.

Teremos todo o gosto em receber os vossos comentários e sugestões, para que a continuidade seja o objetivo de cada um de nós, em função das circunstâncias científicas.

"O autor

Introdução

As redes informáticas e as telecomunicações são um dos domínios da informática empresarial, com o qual o mundo inteiro se regozija.

Quanto aos técnicos da profissão, os formandos, investigadores e outros estão a sentir enormes dificuldades devido à falta de livros no terreno ou nas nossas bibliotecas, uma vez que os livros virtuais não estão acessíveis em todo o lado.

Assim, colocar uma estrutura deste tipo no terreno é uma forma de ultrapassar estas dificuldades, para que a operação de cada utilizador contribua, pelo menos, com algo mais.

As redes informáticas e de telecomunicações, que estão a abalar todas as empresas em termos de desempenho e de negócios, estão a ajudar e a satisfazer os empregadores no dia a dia das suas empresas, algo que era penoso nos anos anteriores. Para obter um documento, consultar uma mensagem, seguir uma ação de formação, reparar ou comprar uma ferramenta importante, etc., é necessário percorrer longas distâncias com todos os riscos possíveis.

Hoje em dia, tudo está à frente do seu nariz ou na palma da sua mão, graças a esta nova tecnologia, da qual as redes são parte integrante e sem falhas.

O título: "**_Redes informáticas: o mundo nas nossas mãos_**" exprime esta facilidade de ser autossuficiente sem passar pelas provações do passado. Agora, basta ligar-se às redes e, no máximo, há uma hipótese de encontrar a solução para a dificuldade que se está a sentir, embora a ajuda de especialistas seja tão exigente.

Pomos em evidência os nossos mais pequenos conhecimentos informáticos, para que se tornem um meio de ajuda, uma ferramenta de trabalho que possa, pelo menos, responder às necessidades de uns e de outros.

Este tem sido o nosso grande objetivo, que nos atormenta constantemente.

O objetivo deste livro é :

- demonstrar como surgiram as redes informáticas,
- dar uma ideia dos sistemas operativos, mesmo os utilizados nas redes ;
- explicar os termos de redes, transmissão de dados e respectivos equipamentos ;
- e, por último, mas não menos importante, as redes informáticas sem fios.

No mínimo, orienta qualquer operador para ter uma imagem concreta das redes informáticas.

A pergunta que muitas vezes fazemos a nós próprios é o que é que o país está a fazer por nós. Francamente, sem nos perguntarmos, desta vez precisamos de saber o que estamos a fazer pelo país.

Nas palavras de Pierre Escoube: "depois de ter refletido seriamente sobre o papel do capital humano no processo do país... . [1]. ele acredita que a administração pública só é tão boa quanto as pessoas que a compõem e que amam ". É verdade que as nossas empresas dispõem de competências informáticas e que algumas delas estão a ser formadas para servir o mundo - vamos encorajá-las.

Tudo críticas infundadas/desconstrutivas... quando temos as competências adequadas para apoiar o país de uma forma ou de outra para o seu desenvolvimento. É melhor explorar o que temos, para podermos compensar o que falta com a ajuda de todos.

---

[1] *Mukedi Diesta-Mputu Delphin, Conception d'un système informatique de gestion des impôts et taxes à payer d'une entreprise, tese de licenciatura, ISIPA, Kinshasa, 1994.*

Informações gerais sobre as redes

1- Origem da rede informática

Após duas guerras mundiais: a primeira de 1914 a 1918 e a segunda de 1940 a 1945, foram celebrados acordos internacionais de paz por volta de 1946, evitando uma terceira guerra.

Apesar disso, a guerra fria estava a ganhar forma entre as duas grandes potências mundiais: o bloco capitalista e o bloco comunista ou socialista, os Estados Unidos (capitalistas) e a União Soviética, atual Rússia (socialistas).

Estes dois blocos, cada um com um grupo de países na sua retaguarda, protegiam-se mutuamente, pelo que os Estados Unidos, para protegerem as suas fronteiras a todo o momento (vinte e quatro horas por dia), procuravam um sistema que pudesse responder a esta necessidade crucial. Assim, encomendaram o seu exército, acima de tudo, e qualquer outra pessoa que pudessem encontrar, para os apoiar nesta tarefa.

O homem em geral e os cientistas em particular continuam a ser os únicos senhores autorizados a deformar a natureza, que após essa deformação lhes traz consequências nefastas; em muitos casos, fazem experiências com as suas invenções, utilizando sempre a natureza antes da exploração efectiva, ou seja, antes da aplicação.

Estes cientistas utilizam animais, plantas e insectos para determinados testes ou experiências em laboratórios de investigação.

"Foi o caso da vacina contra a varíola desenvolvida por Pasteur (.).

No que diz respeito às redes informáticas, a aranha foi escolhida devido à forma como tece a sua teia, se protege e se alimenta, e pode ser colocada em qualquer canto.

Assim, qualquer inseto que esbarre na teia da aranha abastece-se de alimento e, se se sentir ameaçado, foge ou tenta depender de si próprio, de uma forma ou de outra.

Porque segue todos os tipos de movimentos da sua teia,

independentemente do seu tamanho.

localização.

A aranha na sua teia.

IIIPor um lado, o exército americano sempre foi estruturado e flexível em termos de investigação, porque temos de reconhecer que, no domínio das TI, quantas vezes contribuiu para que o mundo inteiro passasse por convulsões que fizeram avançar o domínio das TI até aos dias de hoje? A sabedoria popular diz que a aranha segue todos os movimentos da sua teia em todos os cantos, e esta transmissão de informações levou o exército americano a fazer investigação sobre redes informáticas.

Por outro lado, o conceito de Web foi desenvolvido pelo Centro Europeu de Investigação Nuclear (CERN) em 1991 por uma equipa de investigadores que incluía Tim-Berners LEE, o criador do conceito de hiperligações, atualmente considerado o pai fundador da Web.

Tim Berners-Lee (Timothy Berners-Lee) é o co-inventor da Web, que desenvolveu no início dos anos 90 com o seu colega Robert Cailliau, para permitir que os seus colegas físicos do CERN (Laboratório Europeu de Física de Partículas), onde eram investigadores, trocassem dados e imagens rapidamente, onde quer que estivessem no mundo. Em 1993, Tim Berners-Lee deixou esta   organização e   mudou-se para os Estados Unidos, onde leccionou   na   Universidade da Califórnia, em Berkeley.
Ciências da Computação e   da Comunicação no Massachusetts   Instituto

---

de Tecnologia (MIT). Fundou e dirige o World Wide Web Consortium (W3C), uma associação de empresas e indivíduos que pretendem promover a utilização da Internet.
promover o desenvolvimento seguro e democrático da Web.

Robert Cailliau, um engenheiro informático belga, é o   co-inventor do
A World   Wide Web (WWW), com a sua
colega britânico Tim Berners-Lee. Desenvolvida em 1991 nas instalações do CERN (Laboratório Europeu de Física de Partículas) em Genebra, esta interface permite aos utilizadores navegar clicando em ligações de hipertexto.
(linguagem HTML), o sistema de navegação em que se baseia a Internet.

A "Web" é uma contração de "World Wide Web" (daí o acrónimo www) e é uma das possibilidades oferecidas pela Internet para navegar entre documentos ligados por ligações de hipertexto.

O princípio da Web baseia-se na utilização de hiperligações para navegar entre documentos (denominados "páginas Web") através de um software denominado "browser". Uma página Web é, portanto, um simples ficheiro de texto escrito numa linguagem de descrição (chamada HTML), que permite descrever a apresentação do documento e incluir elementos gráficos ou ligações a outros documentos através de etiquetas.

Graças à filosofia da aranha de Tim-Berners Lee e à noção de hiperligação, os trabalhos de investigação realizados conduziram à criação da estrutura de uma rede informática e de telecomunicações para a partilha de informações e o intercâmbio de hardware/periféricos.

2 - O CONCEITO DE REDES INFORMÁTICAS

Uma rede é um conjunto de objectos interligados. Permite a circulação de elementos entre cada um destes objectos de acordo com regras bem definidas.

• Rede: conjunto de computadores e periféricos ligados entre si (Nota: dois computadores ligados entre si já constituem uma rede).

• Ligação em rede: Implementação de ferramentas e tarefas para ligar computadores de modo a que possam partilhar recursos.

Consoante o tipo de objeto, é por vezes designado por:

• **rede de transportes**: conjunto de infra-estruturas e modalidades de transporte de pessoas e mercadorias entre várias zonas geográficas

• **rede telefónica**: infraestrutura que permite a transmissão de voz entre vários telefones

• **rede neuronal**: um conjunto de células interligadas;

• **Rede criminosa**: grupo de criminosos que estão em contacto entre si (geralmente um criminoso esconde outro);

• **rede informática**: conjunto de computadores ligados entre si por linhas físicas e que trocam informações sob a forma de dados digitais (valores binários, ou seja, codificados sob a forma de sinais que podem assumir dois valores: 0 e 1). Em informática, é por isso que se fala de uma rede com fios e de uma rede sem fios.

CAPÍTULO I

SISTEMAS OPERATIVOS

Todos os sistemas operativos têm pelo menos o mesmo papel e a mesma composição, um conjunto coerente de programas que desempenham duas funções principais: fornecer um conjunto de serviços, apresentando aos utilizadores uma interface adaptada às suas necessidades, e efetuar um certo número de operações preparatórias para assegurar as trocas entre os diferentes elementos que constituem um computador (unidade central de processamento, memória e periféricos de entrada/saída).

Gere o controlo destes dispositivos através de gestores de periféricos, mais conhecidos por drivers, que lhe estão integrados ou que lhe são adicionados.

Assim, qualquer computador que não tenha um sistema operativo instalado não pode satisfazer as necessidades do utilizador. Para isso, os especialistas em informática chamam-lhe: *"Primeiro Software Básico"*. Para o fazer funcionar em rede, é necessário aplicar um procedimento técnico informático, conhecido como parâmetro/configuração de rede.

1-As principais funções dos sistemas operativos[IV]

Em geral, todos os sistemas operativos têm a mesma função, porque também têm os mesmos objectivos:

• **Gestão do processador**: o sistema operativo é responsável pela gestão da atribuição do processador entre os vários programas, utilizando um **algoritmo de agendamento**. O tipo de agendador é totalmente dependente do sistema operativo, dependendo do objetivo.

• **Gestão da RAM**: o sistema operativo é responsável pela gestão do espaço de memória atribuído a cada aplicação e, se for caso disso, a cada utilizador. Se a memória física for insuficiente, o sistema operativo pode criar uma área de memória no disco rígido, denominada **"memória virtual"**. A memória virtual permite executar aplicações que requerem mais memória do que a RAM disponível no sistema. Por outro lado, esta memória é muito mais lenta.

• **Gestão de E/S**: o sistema operativo unifica e controla o acesso dos programas aos recursos de hardware através de controladores (também conhecidos como controladores de periféricos ou gestores de E/S).

• **Gestão da execução das** aplicações: o sistema operativo é responsável por garantir que as aplicações são executadas corretamente, atribuindo-lhes os recursos de que necessitam para funcionar corretamente. Como tal, pode "matar" uma aplicação que já não esteja a responder corretamente.

• **Gestão de direitos**: o sistema operativo é responsável pela segurança da execução dos programas, garantindo que os recursos só são utilizados por

---

[IV] *Jean François P, CommentCaMarche, enciclopédia informática livre, 2009* programas e utilizadores com os direitos adequados.

• **Gestão de ficheiros**: o sistema operativo gere a leitura e a escrita no sistema de ficheiros e os direitos de acesso aos ficheiros por parte dos utilizadores e das aplicações.

• **Gestão da informação**: o sistema operativo fornece um certo número de indicadores que permitem diagnosticar o bom funcionamento da máquina.

2- Componentes do sistema operativo

O sistema operativo é constituído por um conjunto de programas de software que gerem a interação com o hardware. Este conjunto de software inclui geralmente os seguintes elementos:

• O núcleo que representa as funções

aspectos fundamentais do sistema operativo, como a gestão da memória, os processos, os ficheiros, as principais funções de E/S e de comunicação.

• O interpretador de comandos (Shell, por oposição ao kernel) permite a comunicação com o sistema operativo através de uma linguagem de comandos, de modo a que o utilizador possa controlar os periféricos ignorando todas as caraterísticas do hardware que está a utilizar, a gestão dos endereços físicos, etc. ou, por seu lado, dá instruções ao computador através de comandos para realizar um certo número de tarefas ignorando as caraterísticas técnicas do hardware que está a utilizar. Por exemplo, pode ser utilizado para criar, alterar, renomear e apagar diretórios num disco, apresentar uma lista de diretórios ou examinar o seu conteúdo, etc.

• Tradicionalmente, os programas de aplicação não eram uma parte integrante do sistema operativo. Mas, desde o início dos anos 2000, esta visão mudou entre os editores de software. A integração de navegadores de Internet, leitores multimédia e firewalls nos mais recentes sistemas operativos de consumo é um exemplo perfeito.

• O sistema de ficheiros (FS), utilizado para armazenar ficheiros numa estrutura em árvore.

3- Diferentes categorias de sistemas operativos

Diz-se que um sistema operativo é "*multithread*" quando várias "**tarefas**" (também chamadas *processos*) podem ser executadas simultaneamente.

As aplicações são constituídas por uma sequência de instruções designadas por "*threads*". Estas threads são, por sua vez, activas, em espera, suspensas ou destruídas, consoante a prioridade que lhes está associada, ou executadas sequencialmente.

Diz-se que um sistema é **preemptivo** quando tem um **agendador** (também chamado *planeador*), que atribui tempo de máquina de acordo com critérios de prioridade aos vários processos que o solicitam.

Diz-se que o sistema é **de partilha de tempo** quando é atribuída uma quota de tempo a cada processo pelo programador. Este é particularmente o caso dos sistemas multi-utilizadores, que permitem a vários utilizadores utilizar simultaneamente aplicações diferentes ou semelhantes na mesma máquina: o sistema é então designado por **"sistema transacional"**. Para tal, o sistema atribui a cada utilizador uma faixa horária.

Sistemas multiprocessadores

O multiprocessamento é uma técnica que envolve a execução de vários processadores em paralelo para obter uma maior potência de computação do que a obtida com um processador topo de gama ou para aumentar a disponibilidade do sistema (em caso de falha de um processador).

SMP (*Symmetric Multiprocessing* ou *Symmetric Multiprocessor*) é uma arquitetura em que todos os processadores acedem a um espaço de memória partilhado.

Um sistema multiprocessador deve, portanto, ser capaz de gerir a partilha de memória entre vários processadores e também distribuir a carga de trabalho.

Sistemas incorporados

Os sistemas incorporados são sistemas operativos concebidos para funcionarem em pequenas máquinas, como PDA (*assistentes pessoais digitais*) ou dispositivos electrónicos autónomos (sondas espaciais, robôs, computadores de bordo de veículos, etc.), com autonomia limitada. Uma caraterística essencial dos sistemas incorporados é a sua gestão avançada da energia e a sua capacidade de funcionar com recursos limitados.

Os principais sistemas incorporados de "consumo" para PDAs são : PalmOS; Windows CE / Windows Mobile / Window Smartphone

Sistemas em tempo real

Os sistemas em tempo *real*, utilizados principalmente na indústria, são sistemas cujo objetivo é funcionar num ambiente com restrições de tempo. Um sistema em tempo real deve funcionar de forma fiável de acordo com restrições temporais específicas, ou seja, deve ser capaz de processar corretamente a informação recebida em intervalos de tempo bem definidos (regulares ou irregulares).

4- Tipos de sistemas operativos[V]

Existem vários tipos de sistemas operativos, consoante sejam capazes de gerir simultaneamente informações de 16 bits, 32 bits, 64 bits ou mais.

Sistema	Codificação	Utilizador único	Multi-utilizador	Tarefa única	Multitarefa
DOS	16 bits	X		X	
Windows3.1	16/32 bits	X			não preventivo
Windows95/98/Me	32 bits	X			Cooperativa
WindowsNT/2000	32 bits		X		Preventivo
WindowsXP	32/64 bits		X		Preventivo
Unix / Linux	32/64 bits		X		Preventivo
MAC/OS X	32 bits		X		Preventivo

[V] Mukedi Diesta-Mputu Delphin, Notes de Cours de Système d'exploitation Comparé, au deuxième Cycle Informatique (Réseau et Conception de Système d'Information) [não publicado].

| VMS | 32 bits | | X | | Preventivo |

Um sistema operativo de rede é um sistema que pode aceder a vários protocolos de rede, como TCP/IP, IP "X, LanManagers, DecNet, etc. Esta partilha proporciona os mesmos interesses que os explicados nas linhas que se seguem, sendo esta a razão de ser da rede informática.

CAPÍTULO 2

CONCEITOS DE REDES INFORMÁTICAS

Não existe um tipo único de rede, porque, historicamente, existem diferentes tipos de computadores, que comunicam em diferentes linguagens, e também porque os meios físicos de transmissão que os ligam podem ser muito heterogéneos, quer em termos de transferência de dados (tráfego de dados sob a forma de impulsos eléctricos, luz ou ondas electromagnéticas), quer em termos de tipo de suporte (linhas de cobre, cabo coaxial, fibra ótica, etc.).

As vantagens de uma rede

Um computador é uma máquina de manipulação de dados. O homem, um ser comunicativo, apercebeu-se rapidamente das vantagens de ligar estes computadores para trocar informações. Esta é uma das razões pelas quais uma rede é útil:

Uma rede torna-o possível:

- Partilha de ficheiros e aplicações ;
- Comunicação entre pessoas (por correio eletrónico, chat em direto, etc.);
- Comunicação entre processos (entre máquinas industriais) ;
- Garantia de unicidade da informação (bases de dados) ;
- Jogos multijogadores, ...

As redes também permitem normalizar as aplicações, geralmente designadas por *groupware*. Por exemplo, as mensagens electrónicas e os calendários de grupo (Microsoft Schedule +) permitem uma comunicação mais rápida e eficiente. Eis as vantagens destes sistemas;

- Reduzir os custos através da partilha de dados e periféricos;
- Normalização das aplicações ;
- Acesso atempado aos dados,
- Comunicação e organização mais eficazes;

Atualmente, a tendência é para o desenvolvimento de redes de área alargada (WAN) implantadas à escala nacional ou mesmo mundial. As vantagens são muitas, quer se trate de uma empresa ou de um particular...

As semelhanças entre as diferentes redes

Os diferentes tipos de redes têm geralmente os seguintes pontos em comum:

- **Servidores**: computadores que fornecem recursos partilhados aos utilizadores através de um servidor de rede;
- **Clientes**: computadores que acedem a recursos partilhados

fornecido por um servidor de rede ;
* **Meio de ligação**: determina a forma como o
os computadores estão ligados entre si;
* **Dados partilhados**: ficheiros acessíveis em servidores de rede ;
* **Impressoras e outros periféricos partilhados**: ficheiros,
impressoras ou outros itens utilizados pelos utilizadores da rede;
* **Recursos diversos**: outros recursos fornecidos pelo servidor;

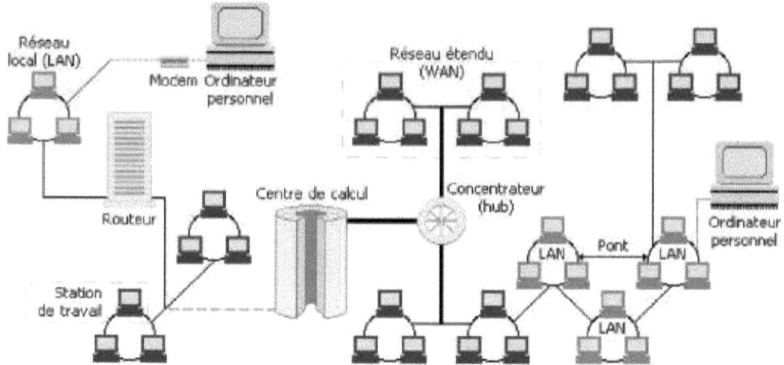

A topologia da rede telemática da Internet, baseada na interconexão de um conjunto de redes separadas, permite interligar um número impressionante de máquinas informáticas em todo o mundo, que podem trocar todo o tipo de informações. Os computadores pessoais e as estações de trabalho são ligados a uma rede local (LAN), quer através de uma ligação telefónica com um modem e uma linha telefónica normal, quer através de uma ligação direta por cabo à LAN. Existem outros métodos de transmissão de dados para ligação a uma rede, como linhas T1 ou linhas dedicadas. As pontes e os hubs ligam várias redes entre si. Os routers transmitem dados através de redes e determinam o melhor caminho a seguir.

I - Topologia

Vamos entender um pouco sobre este termo: "Topologia".

Uma rede informática é constituída por computadores ligados entre si por hardware: cabos, placas de rede e outros equipamentos que asseguram o bom fluxo de dados. A disposição física destes elementos é designada por *topologia física, que* pode ser dividida em três *categorias*:

1. Topologia de barramento

2. Topologia em estrela

3. Topologia em anel

É feita uma distinção entre a topologia física (a configuração espacial e visível da rede) e a *topologia lógica*.

A topologia lógica representa a forma como os dados viajam através dos cabos. As topologias lógicas mais comuns são Ethernet, Token Ring e FDDI.

1. Topologia de barramento

Uma topologia de barramento é a forma mais simples de organizar uma rede. Numa topologia em barramento, todos os computadores estão ligados à mesma linha de transmissão através de um cabo, normalmente coaxial. A palavra "bus" refere-se à linha física que liga as máquinas na rede.

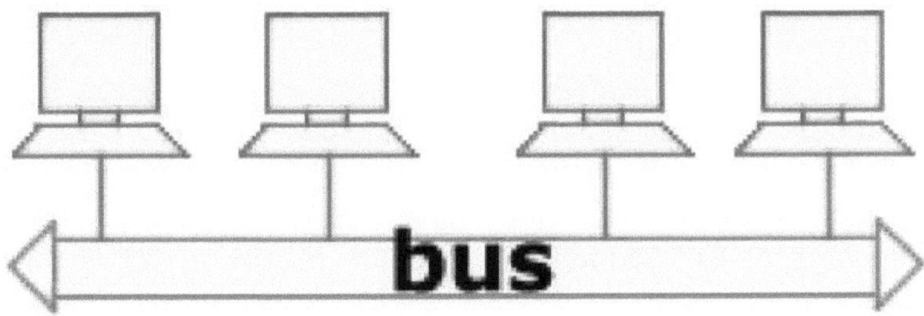

As vantagens desta topologia são o facto de ser fácil de implementar e fácil de operar, mas é extremamente vulnerável porque se uma das ligações falhar, toda a rede é afetada.

2. Topologia em estrela

Numa topologia em estrela, os computadores da rede estão ligados a um sistema de hardware chamado *hub*. Este é uma caixa que contém várias junções às quais podem ser ligados os cabos dos computadores. O seu papel é assegurar a comunicação entre as várias junções.

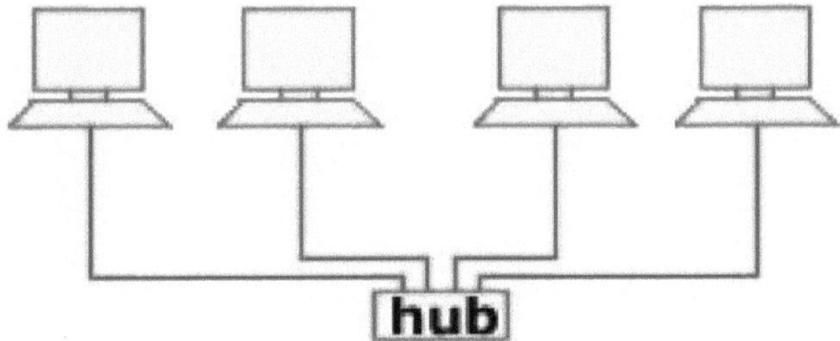

Ao contrário das redes construídas com base numa topologia de barramento, as redes com topologia em estrela são muito menos vulneráveis porque uma das ligações pode ser facilmente removida, desligando-a do hub, sem paralisar o resto da rede. Por outro lado, uma rede de topologia em estrela é mais cara do que uma rede de topologia em barramento porque é necessário hardware adicional (o hub).

3. Topologia em anel

Numa rede de topologia em anel, os computadores comunicam à vez, pelo que temos um circuito de computadores em que cada um deles "fala" à vez.

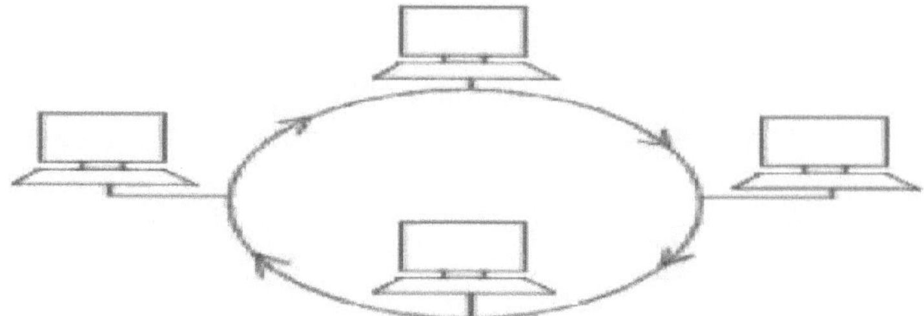

Na realidade, os computadores de uma rede com topologia em anel não estão ligados em anel, mas sim a um repartidor (chamado MAU, *Multistation Access Unit*) que gere a comunicação entre os computadores a ele ligados, atribuindo um tempo de conversação a cada um deles.

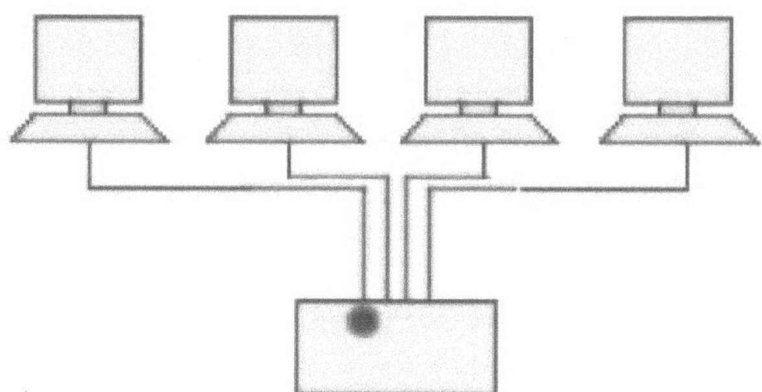

As duas principais topologias lógicas que utilizam esta topologia física são a Token Ring e a FDDI.

2. Tipo de rede

Existem diferentes tipos de redes (privadas), consoante a sua dimensão (em termos de número de máquinas), velocidade de transferência de dados e âmbito. As redes privadas são redes que pertencem a uma mesma organização. Existem geralmente três categorias de redes:

. LAN (rede local)

MAN (rede de área metropolitana)

WAN (rede de área alargada)

Existem dois outros tipos de redes: as TAN (Tiny Area Networks), que são idênticas às LAN, mas menos extensas (2 a 3 máquinas), e as CAN (Campus Area Networks), que são idênticas às MAN (com largura de banda máxima entre todas as LAN da rede).

LAN é o acrónimo de *Local Area Network* (*rede local*). Trata-se de um conjunto de computadores pertencentes à mesma organização e ligados entre si numa pequena área geográfica por uma rede, utilizando frequentemente a mesma tecnologia (a mais comum é a Ethernet)...

Uma rede local é, portanto, uma rede na sua forma mais simples. A velocidade de transferência de dados? de uma rede local pode variar entre 10 Mbps (para uma rede ethernet, por exemplo) e 1 Gbps (em FDDI ou Gigabit Ethernet, por exemplo). A dimensão de uma rede local pode ir até 100 ou mesmo 1000 utilizadores.

Alargando a definição aos serviços fornecidos pela rede local, é possível distinguir dois modos de funcionamento:

- num ambiente *peer-to-peer*, onde não existe um computador central e cada computador desempenha um papel semelhante
- num ambiente "cliente/servidor", em que um computador central fornece serviços de rede aos utilizadores

LES MAN

As MAN (*Metropolitan Area Networks*) interligam várias LANs geograficamente próximas (no máximo algumas dezenas de quilómetros) a alta velocidade. Uma MAN permite que dois nós distantes comuniquem como se fizessem parte da mesma rede local.

Uma MAN é constituída por comutadores ou routers interligados por ligações de alta velocidade (geralmente de fibra ótica).

WANs

Uma **WAN** (Wide Area Network) interliga várias LANs através de grandes distâncias geográficas. As velocidades disponíveis numa WAN são o resultado de um compromisso com o custo das ligações (que aumenta com a distância) e podem ser baixas.

As WANs utilizam routers para "escolher" a rota mais adequada para chegar a um nó da rede. A WAN mais conhecida é a Internet.

3 - Apresentação da arquitetura de um sistema cliente/servidor

Muitas aplicações funcionam num ambiente cliente/servidor, o que significa que **as máquinas clientes** (máquinas que fazem parte da rede) contactam um **servidor**, uma máquina geralmente muito poderosa em termos de capacidades de entrada/saída, que lhes fornece **serviços**. Estes serviços são programas que fornecem dados como a hora, ficheiros, uma ligação, etc.

Os serviços são operados por programas, chamados **programas clientes**, executados em máquinas clientes. Os termos "cliente FTP", "cliente de correio eletrónico", etc. são utilizados para designar um programa executado numa máquina cliente, capaz de processar a informação que recupera do servidor (no caso do cliente FTP, ficheiros, enquanto no caso do cliente de correio eletrónico, correio eletrónico).

Num ambiente cliente/servidor puro, os computadores da rede (os clientes) só podem ver o servidor, o que constitui uma das principais vantagens deste modelo.

Vantagens da arquitetura cliente/servidor

O modelo cliente/servidor é particularmente recomendado para redes que exigem um elevado nível de fiabilidade:

- **recursos centralizados**: porque o servidor é

no centro da rede, pode gerir recursos comuns a todos os utilizadores, como uma base de dados centralizada, para evitar problemas de redundância e contradição

. **melhor segurança**: porque há menos pontos de entrada para aceder aos dados

- **administração a nível do servidor**: como os clientes são pouco importantes neste modelo, necessitam de menos administração

- **uma rede escalável**: graças a esta arquitetura, é possível retirar ou acrescentar clientes sem perturbar o funcionamento da rede e sem grandes modificações

Desvantagens do modelo cliente/servidor

A arquitetura cliente/servidor tem, no entanto, algumas deficiências:

- **custo elevado** devido ao carácter técnico do servidor

- **um elo fraco**: o servidor é o único elo fraco da rede cliente/servidor, uma vez que toda a rede é construída à sua volta! Felizmente, o servidor é altamente tolerante a falhas (graças, nomeadamente, ao sistema RAID).

Como funciona um sistema cliente/servidor

Um sistema cliente/servidor funciona da seguinte forma:

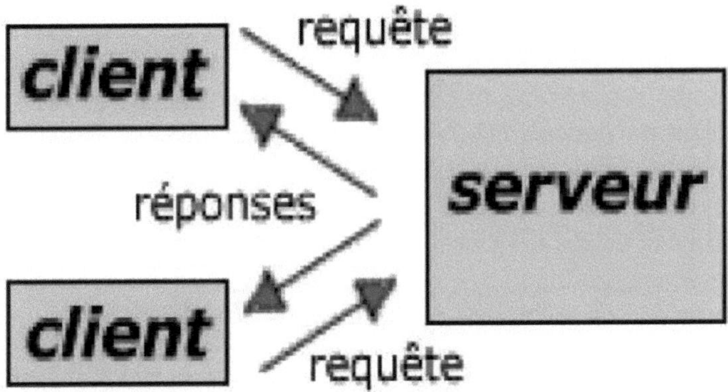

- O cliente envia um pedido ao servidor utilizando o seu endereço e a porta, que designa um determinado serviço no servidor.
- O servidor recebe o pedido e responde utilizando o endereço da máquina cliente e a sua porta

Introdução à arquitetura peer-to-peer

Numa arquitetura *ponto-a-ponto*, ao contrário de uma arquitetura de rede cliente/servidor, não existe um servidor dedicado. Assim, cada computador numa rede deste tipo é parte servidor e parte cliente. Isto significa que cada computador na rede é livre de partilhar os seus recursos. Um computador ligado a uma impressora pode partilhá-la de modo a que todos os outros computadores possam aceder-lhe através da rede.

Desvantagens das redes peer-to-peer

As redes peer-to-peer têm muitas desvantagens:
- o sistema não é de todo centralizado, o que torna a sua gestão muito difícil
- muito pouca segurança
- nenhuma ligação do sistema é fiável

As redes peer-to-peer são, portanto, adequadas apenas para um pequeno número de computadores (normalmente cerca de dez) e para aplicações que não exijam um elevado nível de segurança (não são, portanto, recomendadas para uma rede profissional com dados sensíveis).

Vantagens da arquitetura peer-to-peer

A arquitetura peer-to-peer tem, no entanto, algumas vantagens:
- baixo custo (os custos gerados por uma rede deste tipo são o equipamento, os cabos e a manutenção)
- simplicidade infalível!

Configurar uma rede peer-to-peer

As redes peer-to-peer não requerem os mesmos níveis de desempenho e segurança que o software de rede para servidores dedicados. Assim, pode utilizar o Windows NT Workstation, o Windows for Workgroups ou o Windows 95, uma vez que todos estes sistemas operativos incorporam todas as caraterísticas de uma rede ponto a ponto.

A implementação de uma arquitetura de rede deste tipo baseia-se em soluções normalizadas:

. Colocação de computadores nos ambientes de trabalho dos utilizadores

- Cada utilizador é o seu próprio administrador e planeia a sua própria segurança.

. Esta é geralmente uma solução satisfatória para ambientes com as seguintes caraterísticas :

. Menos de 10 utilizadores

. Todos os utilizadores estão localizados na mesma área geográfica

. A segurança não é uma questão crucial

. Nem a empresa nem a rede são susceptíveis de sofrer alterações significativas num futuro próximo.

Administração de uma rede peer-to-peer

A rede peer-to-peer satisfaz as necessidades de uma pequena empresa, mas pode revelar-se inadequada em certos ambientes. Eis as perguntas a que deve responder antes de escolher o tipo de rede: O termo "Administração" refere-se a :

1. Gestão de utilizadores e segurança
2. Disponibilização de recursos
3. Manutenção de aplicações e dados
4. Instalar e atualizar o software do utilizador

Numa rede peer-to-peer típica, não existe um administrador. Cada utilizador administra a sua própria estação de trabalho. Por outro lado, todos os utilizadores podem partilhar os seus recursos como desejarem (dados em diretórios partilhados, impressoras, cartões de fax, etc.).

Conceitos de segurança

A política de segurança mínima consiste em colocar uma palavra-passe num recurso. Os utilizadores de uma rede peer-to-peer definem a sua própria segurança e, como todas as partilhas podem existir em todos os computadores, é difícil implementar um controlo centralizado. Isto também coloca um problema para a segurança geral da rede, uma vez que alguns utilizadores não protegem os seus recursos de todo.

A arquitetura de dois níveis (também conhecida como *arquitetura de dois níveis*, em que *nível* significa *terceiro*) caracteriza os sistemas cliente/servidor em que o cliente solicita um recurso e o servidor fornece-o diretamente. Isto significa que o servidor não recorre a outra aplicação para fornecer o serviço.

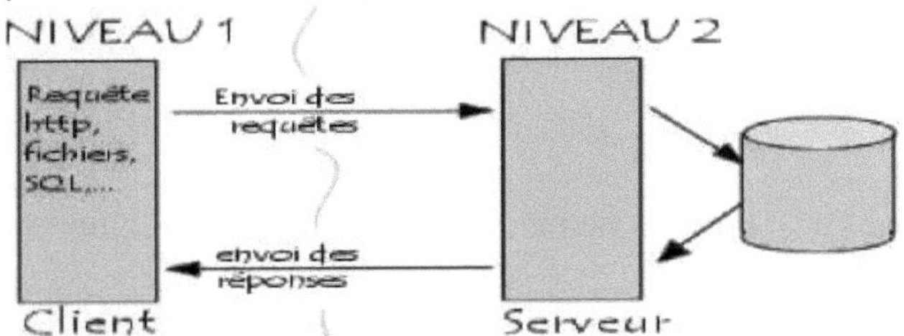

4. Apresentação da arquitetura de 3 níveis

Na arquitetura de 3 níveis, existe um nível intermédio, ou seja, a arquitetura é geralmente partilhada entre:

1. O cliente: a procura de recursos
2. O servidor de aplicações (também conhecido como **middleware**): o servidor responsável por fornecer o recurso, mas que recorre a outro servidor.
3. O servidor secundário (normalmente um servidor de base de dados), que fornece um serviço ao primeiro servidor.

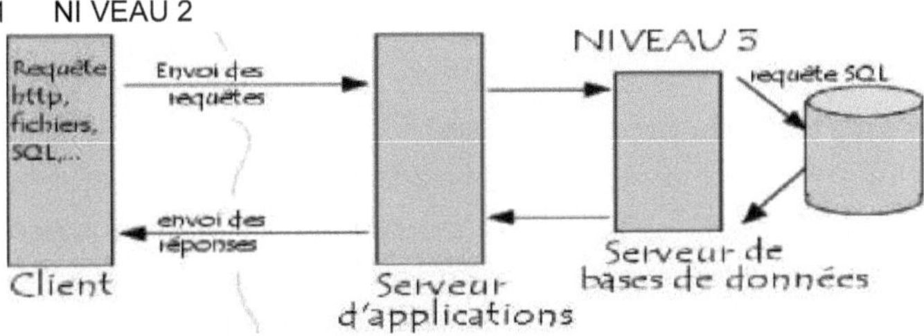

N.B.*: Dada a utilização generalizada do termo arquitetura de 3 níveis, pode por vezes também referir-se às seguintes arquitecturas:*

> *Partilha de aplicações entre cliente, servidor intermédio e servidor da empresa*

> *Partilha de   aplicações entre cliente, base de dados base de dados de intermediários e empresas*

Comparação dos dois tipos de arquitetura

A arquitetura de dois níveis é, por conseguinte, uma cliente/servidor em que o servidor é versátil, ou seja, é capaz de fornecer diretamente todos os recursos solicitados pelo cliente. Na arquitetura de três níveis, por outro lado, as aplicações ao nível do servidor são deslocalizadas, o que significa que cada servidor é especializado numa tarefa (servidor Web/servidor de base de dados, por exemplo). A arquitetura de três níveis permite:

- maior flexibilidade
- maior segurança (a segurança pode ser definida para cada serviço)
- melhor desempenho (as tarefas são partilhadas) **Arquitetura multinível**

Na arquitetura de três níveis, cada servidor executa uma tarefa especializada (um serviço). Isto significa que um servidor pode utilizar os serviços de um ou mais servidores para prestar o seu próprio serviço. Por conseguinte, a arquitetura de 3 níveis é potencialmente uma arquitetura de N níveis...

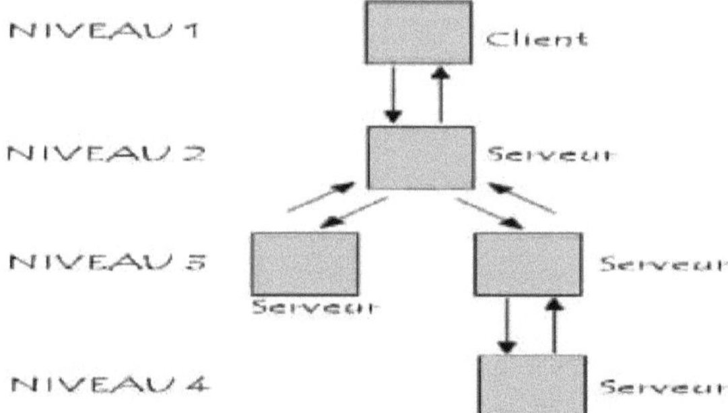

5- O conceito de rede privada virtual

As redes locais (LANs ou LANs) são redes internas a uma organização, ou seja, as ligações entre as máquinas pertencem à organização. Estas redes estão cada vez mais ligadas à Internet através de equipamento de interligação. As empresas precisam frequentemente de comunicar com filiais geograficamente distantes, clientes ou mesmo com o pessoal através da Internet.

No entanto, os dados transmitidos através da Internet são muito mais vulneráveis do que quando circulam na rede interna de uma organização, uma vez que o trajeto percorrido não é definido antecipadamente, o que significa que os dados circulam numa infraestrutura de rede pública pertencente a diferentes operadores. Assim, não é impossível que a rede seja escutada por um utilizador indiscreto ou mesmo que seja desviada. Por conseguinte, é inconcebível transmitir informações sensíveis para uma organização ou empresa nestas condições.

A primeira solução para esta necessidade de comunicação segura é ligar redes remotas através de ligações dedicadas. No entanto, a maioria das empresas não pode permitir-se ligar duas redes locais remotas através de uma linha dedicada, pelo que, por vezes, é necessário utilizar a Internet como meio de transmissão.

Um bom compromisso consiste em utilizar a Internet como meio de transmissão, utilizando um protocolo de "encapsulamento" (*tunelamento*, daí a utilização por vezes inadequada do termo "tunelização"), ou seja, encapsulando os dados a transmitir de forma cifrada. A rede assim criada artificialmente é designada por *rede* **privada virtual** (**VPN**).

Diz-se que esta rede é *virtual* porque liga duas redes "físicas" (redes locais) através de uma ligação não fiável (a Internet), e *privada* porque apenas os computadores das redes locais de ambos os lados da VPN podem "ver" os dados.

O sistema *VPN* permite, por conseguinte, obter uma ligação segura a um custo inferior, para além da instalação do equipamento terminal. Por outro lado, não oferece uma qualidade de serviço comparável à de uma linha alugada, uma vez que a rede física é pública e, por conseguinte, não está garantida.

Como funciona uma VPN

Uma rede privada virtual baseia-se num protocolo conhecido como **protocolo** *de tunelamento*, ou seja, um protocolo que permite que os dados que passam de uma extremidade da VPN para a outra sejam protegidos por algoritmos criptográficos.

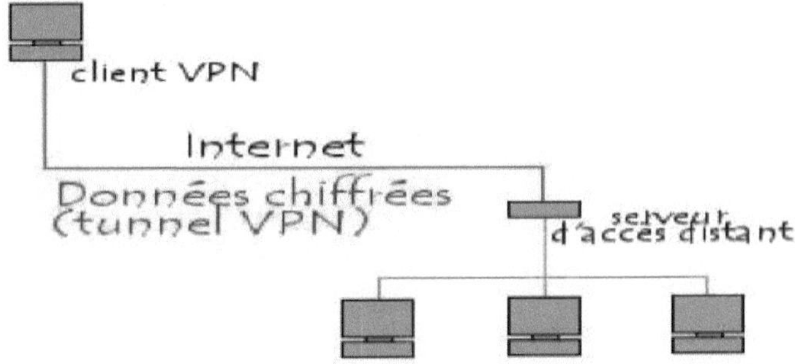

O termo "túnel" é utilizado para simbolizar o facto de que, entre a entrada e a saída da VPN, os dados são cifrados e, por conseguinte, incompreensíveis para qualquer pessoa situada entre as duas extremidades da VPN, como se os dados passassem por um túnel. No caso de uma *VPN* estabelecida entre duas máquinas, o *cliente VPN* é o elemento que encripta e desencripta os dados do lado do utilizador (cliente), e o *servidor VPN* (ou, mais geralmente, **o servidor de acesso remoto**) é o elemento que encripta e desencripta os dados do lado da organização.

Desta forma, quando um utilizador requer acesso à rede privada virtual, o pedido é transmitido em texto claro ao sistema de gateway, que se liga à rede remota através de uma infraestrutura de rede pública e transmite o pedido de forma encriptada. O computador remoto fornecerá então os dados ao servidor VPN na sua rede local, que transmitirá a resposta de forma cifrada. Ao serem recebidos no cliente VPN do utilizador, os dados serão desencriptados e transmitidos ao utilizador.

Protocolos de tunelização

Os principais protocolos de tunelamento são :

. O PPTP (*Point-to-Point Tunneling Protocol)* é um protocolo de nível 2 desenvolvido pela Microsoft, 3Com, Ascend, US Robotics e ECI Telematics.

. o L2F (*Layer Two Forwarding*) é um protocolo de nível 2 desenvolvido pela Cisco, Northern Telecom e Shiva. Atualmente, está praticamente obsoleto

. o L2TP (*Layer Two Tunneling Protocol*) é o resultado do trabalho da *IETF* (RFC 2661) para fazer convergir as funções do *PPTP* e do *L2F*. Trata-se, portanto, de um protocolo de nível 2 baseado no PPP.

. **O IPSec** é um protocolo de nível 3 desenvolvido pela IETF para o transporte de dados encriptados em redes IP.

O protocolo PPTP

O princípio subjacente ao PPTP (*Point To Point Tunneling* Protocol) consiste em criar quadros PPP e encapsulá-los num datagrama IP.

Neste modo de ligação, as máquinas remotas nas duas redes locais estão ligadas por uma ligação ponto-a-ponto (incluindo um sistema de encriptação e autenticação) e o pacote viaja dentro de um datagrama IP.

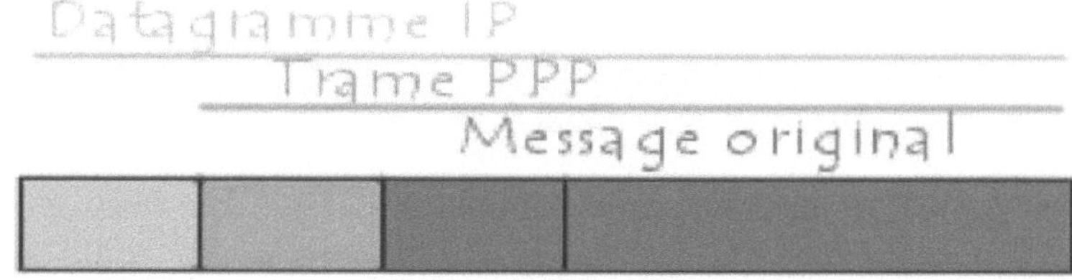

Desta forma, os dados da rede local (bem como os endereços das

máquinas no cabeçalho da mensagem) são encapsulados numa mensagem PPP, que por sua vez é encapsulada numa mensagem IP.

O protocolo L2TP é um protocolo de tunelamento normalizado (normalizado num RFC) muito semelhante ao PPTP. O protocolo L2TP encapsula quadros do protocolo PPP, que por sua vez encapsulam outros protocolos (como IP, IPX ou NetBIOS).

O protocolo IPSec é um protocolo definido pela IETF para garantir a segurança das trocas de dados ao nível da camada de rede. É um protocolo que acrescenta melhorias de segurança ao protocolo IP para garantir a confidencialidade, a integridade e a autenticação dos intercâmbios.

O protocolo IPSec baseia-se em três módulos:

. *Cabeçalho de autenticação IP* (**AH**) relativo à integridade, autenticação e proteção contra a reprodução dos pacotes a encapsular.

. **O** *Encapsulating Security Payload* (**ESP**) define a encriptação de pacotes. O ESP proporciona confidencialidade, integridade, autenticação e proteção contra a repetição.

- *Atribuição* de *segurança* (**SA**) que define a troca de chaves e de parâmetros de segurança. Os SAs reúnem todas as informações sobre o tratamento a aplicar aos pacotes IP (protocolos AH e/ou ESP, túnel ou modo de transporte, algoritmo de segurança utilizado pelos protocolos, chaves utilizadas, etc.). As chaves são trocadas manualmente ou utilizando o protocolo de troca IKE (na maioria das vezes), o que permite que ambas as partes cheguem a acordo sobre os SAs.

5. O paradigma da intranet

Uma intranet é um conjunto de serviços Internet (por exemplo, um servidor Web) interno a uma rede local, ou seja, acessível apenas a partir de estações de trabalho numa rede local, ou num conjunto de redes bem definidas, e invisível do exterior. Consiste na utilização de normas Internet cliente-servidor (utilizando protocolos TCP/IP), como a utilização de navegadores Internet (cliente baseado em protocolos HTTP) e servidores Web (protocolo HTTP), para criar um sistema de informação interno a uma organização ou empresa.

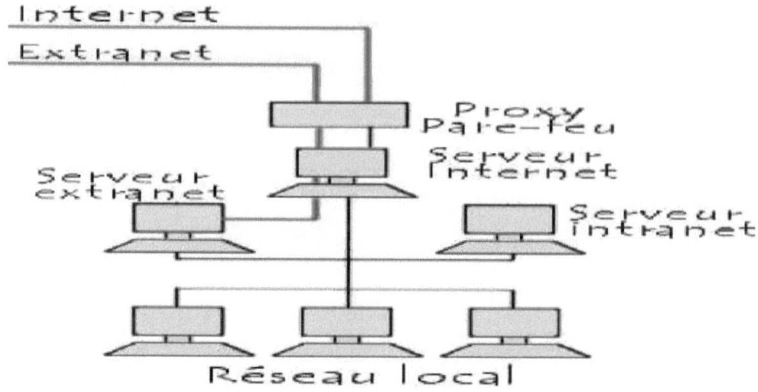

Uma intranet baseia-se geralmente numa arquitetura de três níveis:

- clientes (normalmente navegadores Web)
- um ou mais servidores de aplicações (middleware): um servidor Web capaz de interpretar scripts CGI, PHP, ASP ou outros e de os traduzir em consultas SQL para interrogar uma base de dados
- um servidor de base de dados

Desta forma, as máquinas clientes gerem a interface gráfica, enquanto o servidor trata dos dados. A rede é utilizada para transportar os pedidos e as respostas.

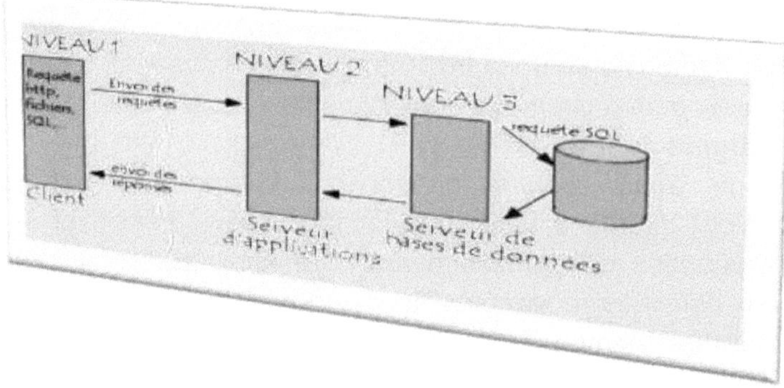

Uma intranet tem naturalmente vários clientes (os computadores da rede local) e pode também ser constituída por vários servidores. Por exemplo, uma grande empresa pode ter um servidor Web para cada departamento, para fornecer uma intranet constituída por um servidor Web federador que liga os diferentes servidores geridos por cada departamento.

A utilidade de uma intranet

A intranet de uma empresa facilita o acesso dos colaboradores a uma grande variedade de documentos, proporcionando um acesso centralizado e coerente à memória da empresa, ou seja, à *capitalização do conhecimento*. Deste modo, é geralmente necessário definir direitos de acesso dos utilizadores da intranet aos documentos da intranet e, consequentemente, autenticá-los para lhes dar acesso personalizado a determinados documentos.

Numa intranet, podem ser disponibilizados documentos de todos os tipos (texto, imagens, vídeo, som, etc.). Para além disso, uma intranet pode desempenhar uma função de **"groupware"** muito interessante, ou seja, permitir o trabalho colaborativo. Eis algumas das funções que uma intranet pode desempenhar:

- Fornecimento de informações sobre a empresa (quadro de avisos) ;
- Documentos técnicos disponíveis;
- Motor de pesquisa de documentação ;
- Intercâmbio de dados entre empregados;
- Diretório do pessoal ;
- Gestão de projectos, apoio à decisão, agendas, engenharia assistida por computador ;
- Correio eletrónico ;
- Fóruns de discussão, listas de correio eletrónico, chat em direto ;
- Videoconferência ;
- Portal da Internet.

Desta forma, uma intranet promove a comunicação dentro da empresa e limita os erros devidos à má circulação da informação. A informação disponível na intranet deve ser mantida actualizada, evitando conflitos de versões.

Vantagens de uma intranet

Uma intranet permite-lhe criar um sistema de informação de baixo custo (em termos concretos, o custo de uma intranet pode ser reduzido ao custo do hardware, da sua manutenção e atualização, com estações de trabalho clientes com browsers gratuitos, um servidor Linux com o servidor Web *Apache* e o servidor de base de dados *MySQL*).

Em segundo lugar, dado o carácter "universal" dos recursos envolvidos, qualquer tipo de máquina pode ser ligado à rede local e, por conseguinte, à intranet.

Configurar a intranet

Uma intranet deve ser concebida em função das necessidades da empresa ou da organização (em termos de serviços a criar). No que respeita ao hardware, basta instalar um servidor Web (por exemplo, uma máquina Linux com o servidor Web *Apache* e o servidor de base de dados *MySQL* ou o Windows NT e o servidor Web *Microsoft Internet Information Server*). Depois, basta criar um nome de domínio para a sua máquina (por exemplo, intranet.sua_empresa.com), instalar o TCP/IP em todas as máquinas clientes e definir um endereço IP para elas.

O conceito de extranet

Uma extranet é uma extensão do sistema de informação da empresa a parceiros fora da rede.

O acesso à extranet deve ser seguro, na medida em que dá acesso ao sistema de informação a pessoas externas à empresa. Pode tratar-se de uma autenticação simples (autenticação por nome de utilizador e palavra-passe) ou de uma autenticação forte (autenticação através de um certificado). É aconselhável utilizar HTTPS para todas as páginas Web consultadas a partir do exterior da empresa.

Assim, uma extranet não é uma intranet nem um sítio Internet, mas sim um sistema suplementar que oferece aos clientes, parceiros ou filiais de uma empresa, por exemplo, um acesso privilegiado a certos recursos informáticos da empresa através de uma interface Web.

CAPÍTULO 3

TRANSMISSÃO DE DADOS

1- Introdução

Representação de dados

O objetivo de uma rede é transmitir informações de um computador para outro. Para isso, é necessário decidir primeiro o tipo de codificação dos dados a enviar, ou seja, a sua representação informática. Este tipo de codificação varia consoante o tipo de dados, conforme o caso:

. Doadores
- Dados textuais
- Dados gráficos
- Dados de vídeo   .

A representação destes dados pode ser dividida em duas categorias:

- Uma representação digital: ou seja, a codificação da informação num conjunto de valores binários, ou seja, uma sequência de 0s e 1s.
- Representação analógica: ou seja, os dados serão representados pela variação de uma quantidade física contínua.

1- Meio de transmissão de dados

Para que os dados sejam transmitidos, é necessário que exista uma linha de transmissão, também conhecida como *canal de transmissão*, entre as duas máquinas.

Estas vias de transmissão são compostas por várias secções que permitem a transmissão de dados sob a forma de ondas electromagnéticas, eléctricas, luminosas ou mesmo acústicas. O resultado é um fenómeno vibratório que se propaga no meio físico.

2- Codificação do sinal de transmissão

Para que os dados possam ser trocados, os sinais de transmissão devem ser codificados, o que depende essencialmente do meio físico utilizado para transferir os dados, bem como da garantia de integridade dos dados e da velocidade de transmissão.

3- Transmissão simultânea de dados

A transmissão de dados é "simples" quando apenas duas máquinas estão a comunicar, ou quando é enviado um único elemento de dados. Caso contrário, é necessário instalar várias linhas de transmissão ou partilhar a linha entre as várias partes envolvidas na comunicação. A esta partilha chama-se multiplexagem...

4- Protocolos de comunicação

Um protocolo é uma linguagem comum utilizada por todos os actores da comunicação para trocar dados. No entanto, o seu papel não se fica por aqui. Um protocolo também torna tudo possível:

.   Iniciar a comunicação
•   Intercâmbio de dados
•   Verificação de erros
•   Um fim "cortês" da comunicação

2- Ligação de transmissão física

•   . O que é um canal de transmissão?

Uma linha de transmissão é uma ligação entre duas máquinas. O termo **"emissor"** refere-se geralmente à máquina que envia os dados e o termo **"recetor"** à máquina que os recebe. Por vezes, cada uma das máquinas pode ser recetora ou emissora (é geralmente o caso dos computadores ligados por uma rede).

A linha de transmissão, por vezes também designada por *canal de transmissão* ou *via de transmissão*, não é necessariamente constituída por um único meio físico de transmissão, razão pela qual as máquinas finais (por oposição às máquinas intermédias), designadas por *DTE* (*Data Terminal Equipment*), dispõem cada uma delas de equipamento relativo ao meio físico a que estão ligadas, designado por *DCE* (*Data Communication Equipment*). O conjunto de *DCEs* em cada máquina e a linha de dados é designado por **circuito de dados**.

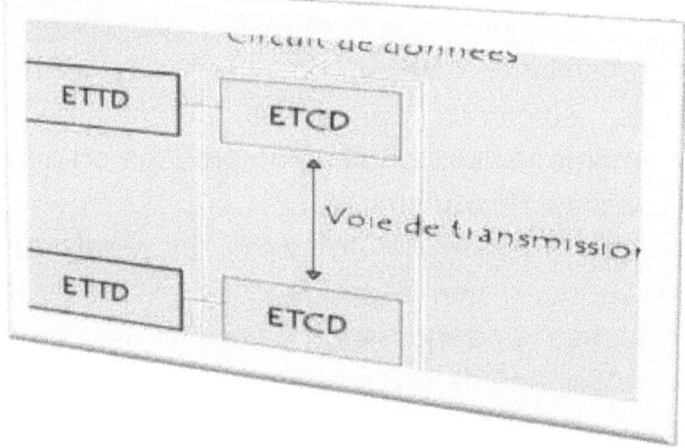

a- Noções básicas de ondas electromagnéticas

Os dados são transmitidos num meio físico através da propagação de um fenómeno vibratório. O resultado é um sinal de onda que depende do parâmetro físico que está a ser variado:

•   no caso da luz, trata-se de uma onda luminosa
•   no caso do som, trata-se de uma onda acústica
•   no caso da tensão ou intensidade de uma corrente eléctrica, trata-se

de uma onda eléctrica.

As ondas electromagnéticas são caracterizadas pela sua frequência, amplitude e fase.

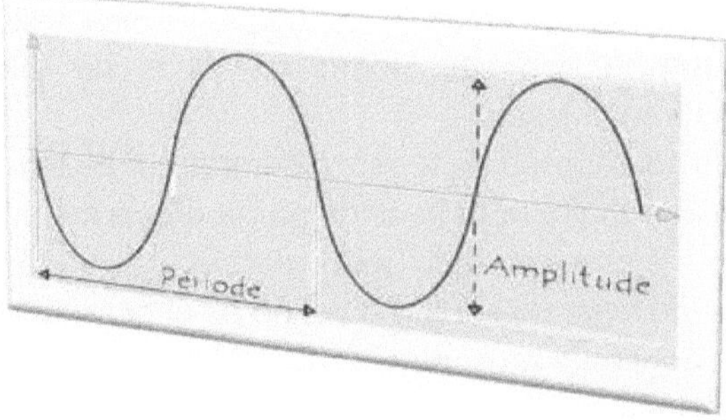

b- Tipos de suportes físicos

Os suportes físicos de transmissão são os elementos que permitem a transmissão de informações entre equipamentos de transmissão. Estes meios são geralmente classificados em três categorias, consoante o tipo de quantidade física que são utilizados para transmitir e, por conseguinte, consoante a sua constituição física:

- **Os suportes de fios** são utilizados para fazer circular uma quantidade eléctrica num cabo, geralmente metálico.

- **Os meios aéreos** referem-se ao ar ou ao vácuo e permitem a circulação de várias ondas electromagnéticas ou de rádio.

- **Os meios ópticos** são utilizados para transmitir informações sob a forma de luz.

Dependendo do tipo de meio físico, a velocidade de propagação de uma grandeza física varia (por exemplo, o som viaja através do ar a uma velocidade de cerca de 300 m/s, enquanto a luz viaja a uma velocidade de cerca de 300 000 km/s).

c- Perturbações

A transmissão de dados através de uma linha não é isenta de perdas. Em primeiro lugar, o tempo de transmissão não é imediato, o que significa que os dados têm de ser "sincronizados" até certo ponto quando são recebidos.

Por outro lado, podem ocorrer interferências ou degradação do sinal.

- **A interferência** (frequentemente designada por *ruído*) é qualquer perturbação que altera localmente a forma do sinal. Existem geralmente três tipos de ruído:

o **O ruído branco** é uma perturbação uniforme do sinal, ou seja, acrescenta uma pequena amplitude ao sinal cuja média sobre o sinal é zero. O ruído branco é geralmente caracterizado por uma relação chamada **relação sinal-ruído**, que exprime a percentagem de amplitude do sinal em relação ao ruído (a sua unidade é o decibel). Este rácio deve ser o mais elevado possível.

○ **Os ruídos impulsivos** são pequenos picos de intensidade que causam erros de transmissão.

• **A perda de** sinal representa a perda de energia do sinal dissipada na linha. A atenuação resulta num sinal de saída que é mais fraco do que o sinal de entrada e é caracterizado pelo valor:

A = 20 log (nível do sinal de saída / nível do sinal de entrada) A atenuação é proporcional ao comprimento do caminho de transmissão e à frequência do sinal.

• **A distorção** do sinal caracteriza a mudança de fase entre o sinal de entrada e o sinal de saída.

d- Largura de banda e capacidade

A *largura de banda* de um canal de transmissão é o intervalo de frequências ao longo do qual o sinal não é atenuado mais do que uma determinada quantidade (geralmente 3 dB, porque 3 decibéis correspondem a uma atenuação de 50% do sinal), pelo que temos:

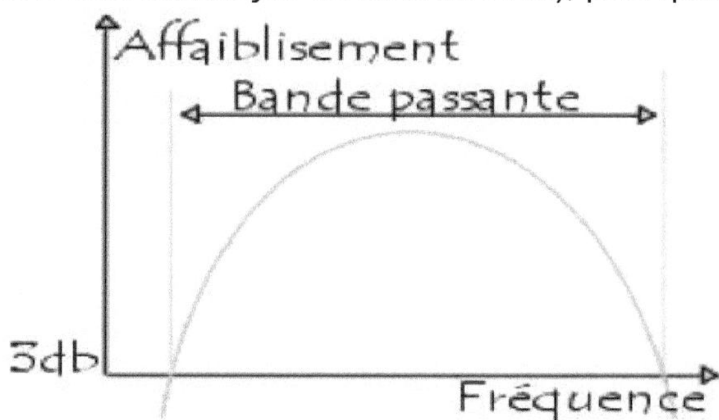

Uma linha telefónica, por exemplo, tem uma largura de banda entre 300 e 3400 Hertz para uma taxa de perda de 3 dB.

A capacidade de um canal é a quantidade de informação (em bits) que pode ser transmitida no canal em 1 segundo. A capacidade é caracterizada da seguinte forma: C= W log2 (1+ S/N)

• Capacidade C (em bps)

. W largura de banda (em Hz)

• S/N representa o rácio sinal/ruído do canal.

e- Carregar e descarregar

O descarregamento é descendente (do servidor para o seu computador) e o carregamento é ascendente (do seu computador para o servidor). É interessante notar que o carregamento e o descarregamento ocorrem em canais de transmissão separados (quer através de um modem ou de uma linha dedicada). Assim, quando envia um documento (upload), não perde largura de banda quando o descarrega!

f- Princípio da transmissão analógica

A transmissão analógica de dados consiste em transmitir informações num meio físico sob a forma de uma onda. Os dados são transmitidos através de uma *onda portadora*, uma onda simples cujo único objetivo é transportar os dados através da modificação de uma das suas caraterísticas (amplitude, frequência ou fase), razão pela qual a transmissão analógica é geralmente designada **por transmissão por modulação de onda portadora**. Em função do parâmetro da onda portadora que é modificado, existem três tipos de transmissão analógica:

. Transmissão por modulação de amplitude da portadora

. Transmissão por modulação da frequência portadora

. Transmissão por modulação de fase da portadora

Transmissão de dados analógicos

Este tipo de transmissão refere-se a um esquema em que os dados a transmitir estão diretamente na forma analógica. Para transmitir este sinal, o DCE deve convolver continuamente o sinal a transmitir e a onda portadora, ou seja, a onda que transmite é uma combinação da onda portadora e do sinal a transmitir. No caso da transmissão por modulação de amplitude, por exemplo, a transmissão é feita da seguinte forma:

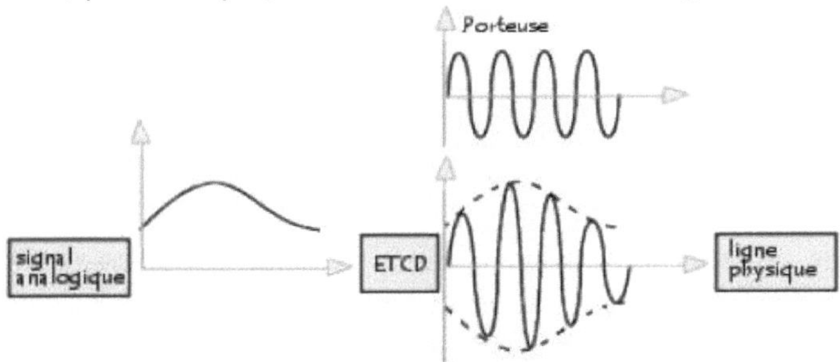

3- Transmissão analógica de dados digitais

Quando os dados digitais apareceram pela primeira vez, os sistemas de transmissão ainda eram analógicos, pelo que era necessário encontrar uma forma de transmitir dados digitais de forma analógica. A solução para este problema foi o modem. A sua função é:

. **Na transmissão**: converter dados digitais (um conjunto de 0s e 1s) em sinais analógicos (a variação contínua de um fenómeno físico). Este processo é designado por *modulação*.

. **Na receção**: para converter o sinal analógico em dados digitais. Este processo é designado por *desmodulação*.

1- Introdução à transmissão digital

A transmissão digital envolve a transmissão de informações no meio físico de comunicação sob a forma de sinais digitais. Os dados analógicos devem primeiro ser digitalizados antes de poderem ser transmitidos. No entanto, a informação digital não pode ser transmitida diretamente sob a forma de 0s e 1s, pelo que tem de ser codificada sob a forma de um sinal com dois estados, por exemplo:

- dois níveis de tensão em relação à terra
- a diferença de tensão entre dois fios
- a presença/ausência de corrente num fio
- a presença/ausência de luz ...

Esta transformação da informação binária num sinal de dois estados é efectuada pelo DCE, também conhecido como *codificador de banda base*, daí o termo *transmissão de banda base* para a transmissão digital...

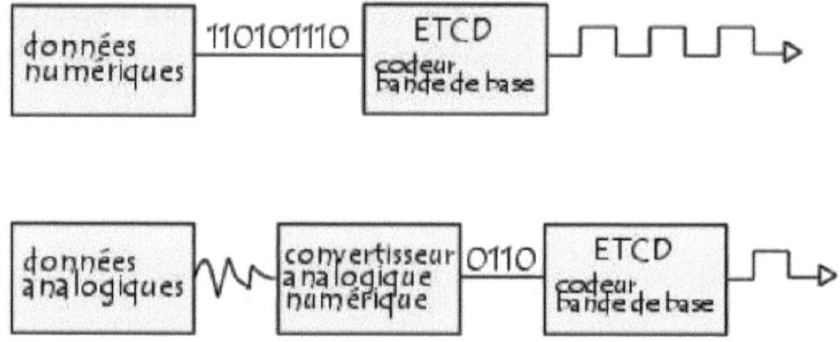

Codificação de sinais

Para que a transmissão seja óptima, o sinal deve ser codificado de forma a facilitar a sua transmissão no meio físico. Existem vários sistemas de codificação para este fim, que podem ser divididos em duas categorias:

- Codificação de dois níveis: o sinal só pode assumir um valor estritamente negativo ou estritamente positivo (-X ou +X, em que X representa um valor da grandeza física utilizada para transportar o sinal).
- Codificação de três níveis: o sinal pode assumir um valor de

estritamente negativo, zero ou estritamente positivo (-X, 0 ou +X)

Codificação NRZ

A codificação NRZ (que significa *No Return to Zero*) é o primeiro e mais simples sistema de codificação. Transforma simplesmente 0s em -Xs e 1s em +Xs, dando origem a um sistema de codificação bipolar em que o sinal nunca é zero. Como resultado, o recetor pode determinar se um sinal está ou não presente.

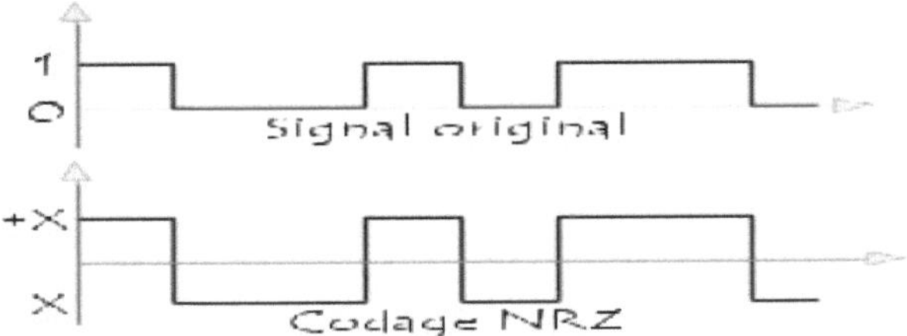

Codificação NRZI

A codificação NRZI é significativamente diferente da codificação NRZ. Com esta codificação, quando o bit é definido como 1, o sinal muda de estado depois de o relógio ter parado. Quando o bit é 0, o sinal não sofre qualquer alteração de estado.

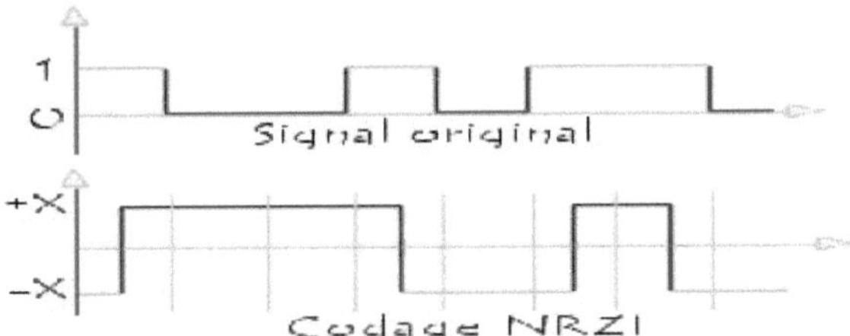

A codificação NRZI tem uma série de vantagens, incluindo

- Deteção da presença ou ausência do sinal
- A necessidade de uma corrente de transmissão de sinal baixa

No entanto, tem um inconveniente: a presença de uma corrente contínua durante uma sequência de zeros, que interfere com a sincronização entre o emissor e o recetor.

Codificação de Manchester

A codificação Manchester, também conhecida como *codificação bifásica* ou *PE* (*Phase Encode*), introduz uma transição no meio de cada intervalo. Consiste num OR exclusivo (XOR) entre o sinal e o sinal de relógio, resultando numa borda ascendente quando o bit é zero e numa borda descendente caso contrário.

A codificação Manchester tem uma série de vantagens, incluindo

- cruzamento diferente de zero, permitindo ao recetor detetar um sinal
- um espetro de banda larga

Codificação do modo de atraso (de Miller)

A codificação *em modo de atraso*, também conhecida como *codificação Miller*, é semelhante à codificação Manchester, exceto que uma transição aparece no meio do intervalo apenas quando o bit é definido como 1. Isto permite taxas de dados mais elevadas...

Codificação bipolar simples

A codificação bipolar simples é uma codificação de três níveis. Oferece, portanto, três estados da quantidade transportada no meio físico:

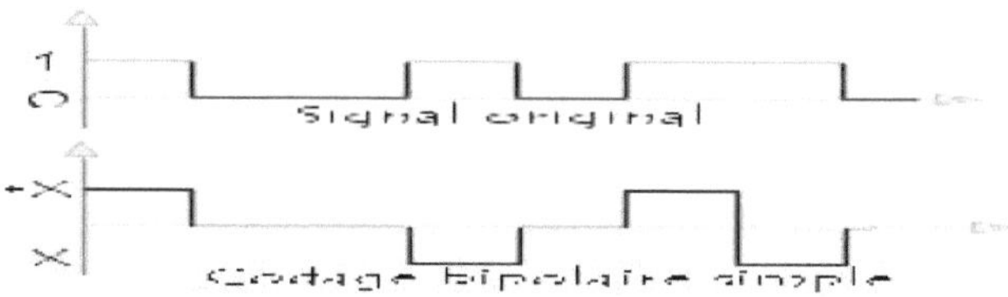

- O valor *0* quando o bit é definido como 0
- Em alternativa, X e -X quando o bit é 1

4- Cablagem

1- Os diferentes tipos de cablagem

Para ligar as várias entidades de uma rede, podem ser utilizados vários meios físicos de transmissão de dados. Um deles é a utilização de cabos. Existem muitos tipos diferentes de cabos, mas é feita uma distinção geral entre eles:

- Cabo   coaxial

- Par trançado duplo
- Fibra ótica

2- Cabo coaxial

O cabo coaxial foi durante muito tempo o cabo de eleição, pela simples razão de que é barato e fácil de manusear (peso, flexibilidade, etc.).

Um cabo coaxial é constituído por uma parte central (designada por *núcleo*), ou seja, um fio de cobre, envolto em isolamento, depois por uma blindagem metálica entrançada e, finalmente, por uma bainha exterior.

- **A bainha** protege o cabo do ambiente exterior. É normalmente feita de borracha (por vezes, cloreto de polivinilo (PVC) e, por vezes, Teflon).
- **A blindagem** (revestimento metálico) à volta dos cabos protege os dados transmitidos através do meio contra interferências (também conhecidas como *ruído*) que podem causar distorção de dados.
- **O isolador** que envolve a parte central é feito de um material dielétrico para evitar qualquer contacto com a blindagem, causando interações eléctricas (curto-circuito).
- **O núcleo**, que transporta os dados, é geralmente constituído por um único fio de cobre ou por vários fios torcidos.

Graças à sua blindagem, o cabo coaxial pode ser utilizado em longas distâncias e a altas velocidades (ao contrário do cabo de par entrançado), embora esteja reservado às instalações de base.

Note-se que existem cabos coaxiais com blindagem dupla (uma camada isolante, uma camada de blindagem) e cabos coaxiais com blindagem quádrupla (duas camadas isolantes, duas camadas de blindagem). Existem normalmente dois tipos de cabos coaxiais:

- O **10Base2 - cabo coaxial fino** (chamado *Thinnet*, ou *CheaperNet*) é um cabo de diâmetro fino (6 mm), convencionalmente de cor branca (ou acinzentada). É altamente flexível e pode ser utilizado na maioria das redes, ligando-o diretamente à placa de rede. Pode transportar um sinal numa distância de cerca de 185 metros sem atenuação.

Faz parte da família RG-58, com uma impedância (resistência) de 50 ohms. Os diferentes tipos de cabo coaxial fino distinguem-se em função da parte central do cabo (núcleo).

Cabo	Descrição
RG-58 / U	Fio central constituído por um único fio de cobre
RG-58 A/U	Torcido
RG-58 C/U	Versão militar do RG-58 A/U
RG-59	Transmissão em banda larga (TV por cabo)
RG-6	Diâmetro mais largo, recomendado para frequências mais elevadas do que o RG-59
RG-62	Rede Arcnet

.   **10Base5 - cabo coaxial grosso** (*Thicknet* ou

O *Thick Ethernet* (também conhecido como *Cabo Amarelo*, devido à sua cor amarela convencional) é um cabo blindado com um diâmetro maior (12 mm) e uma impedância de 50 ohms. Há muito que é utilizado em redes Ethernet, o que lhe valeu o nome de "Cabo Ethernet Standard". Devido ao facto de o seu núcleo ter um diâmetro maior, a distância suscetível de ser percorrida pelos sinais é maior, o que lhe permite transmitir sinais a uma distância de até 500 metros sem atenuação (sem reamplificação do sinal). Tem uma largura de banda de 10 Mbps e é, por isso, frequentemente utilizado como cabo de base para ligar pequenas redes de computadores ligados através da Thinnet. No entanto, devido ao seu diâmetro, é menos flexível do que o Thinnet.

Transcetor: a ligação entre a Thinnet e a Thicknet

A ligação entre a Thinnet e a Thicknet é efectuada através de um **transcetor**. Este está equipado com uma ficha "*vampiro*" que faz a ligação física efectiva à parte central da Thinnet, perfurando o invólucro isolante. O cabo do transcetor (*cabo drop*) é ligado a um conetor **AUI** (*Attachment Unit Interface*), também conhecido por conetor **DIX** (Digital Intel Xerox) ou **DB 15** (*SUB-D 15*).

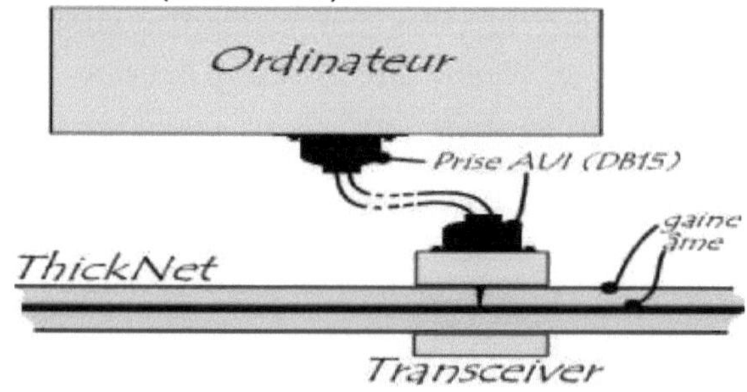

Conectores para cabo coaxial

Thinnet e Thicknet utilizam ambos conectores **BNC** (*Bayonet-Neill-Concelman* ou *British Naval Connector*) para ligar os cabos aos computadores.

A família BNC inclui :

. Conector de cabo BNC: soldado ou cravado na extremidade do cabo.

• Conector BNC T: liga a placa de rede do computador ao cabo de rede.

• Extensor BNC: liga dois segmentos de cabo coaxial para formar um cabo mais longo.

• Ficha de terminação BNC: colocada em cada extremidade de um cabo de rede bus para absorver sinais não desejados. Está ligada à terra. Uma rede de bus não pode funcionar sem esta ficha. Seria posta fora de serviço.

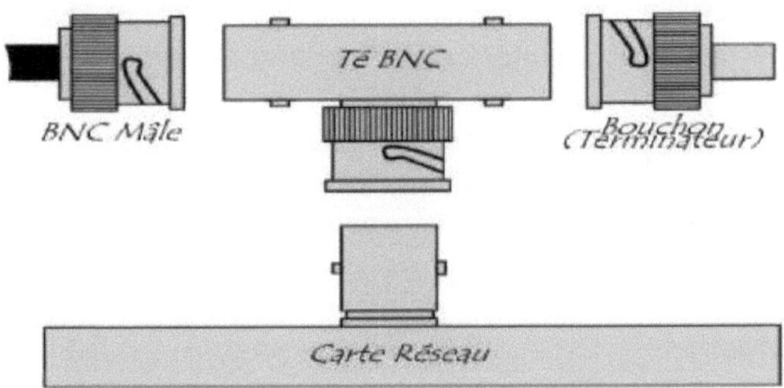

Cablagem de par entrançado

Na sua forma mais simples, o cabo *de par entrançado* consiste em dois fios de cobre entrançados entre si e cobertos com isolamento.

Existem geralmente dois tipos de par entrançado:

• Par trançado blindado (**STP**) ;

• Cabos torcidos sem blindagem (**UTP**).

Um cabo é frequentemente constituído por vários pares entrançados agrupados e colocados no interior da bainha de proteção.

A intercalação elimina o ruído (interferência eléctrica) de pares adjacentes ou de outras fontes (motores, relés, transformadores).

O par entrançado é, portanto, adequado para a criação de uma rede local para um pequeno número de utilizadores com um orçamento limitado e conectores simples. No entanto, a longas distâncias e com elevados débitos de dados, não pode garantir a integridade dos dados

(ou seja, a transmissão sem perda de dados).
Par entrançado não blindado (UTP)
O cabo UTP está em conformidade com a especificação 10BaseT. É o tipo de par entrançado mais utilizado nas redes locais. Eis algumas caraterísticas:
- Comprimento máximo do segmento: 100 metros
- Composição: 2 fios de cobre isolados
- Normas UTP: determinar o número de torções por pé (33 cm) de cabo em função da utilização prevista.
- UTP: listado na norma 568 da EIA/TIA (Electronic Industries Association / Telecommunications Industries Association) para cablagem de edifícios comerciais. A norma EIA/TIA 568 utilizou o UTP para criar normas aplicáveis a todos os tipos de instalações e contextos de cablagem, proporcionando ao público uma garantia de consistência do produto. Estas normas incluem cinco categorias de cabos UTP:
- **Categoria 1**: Cabo telefónico tradicional (transferência de voz, mas não de dados)
- **Categoria 2**: Transmissão de dados até 4 Mbit/s (RDIS). Este tipo de cabo é composto por 4 pares entrançados.
- **Categoria3**   10Mbit/s no máximo .   Este   tipo   de cabo é
constituído por 4 pares torcidos e 3 torções por perna
- **Categoria4**   16Mbit/s no máximo .   Este   tipo   de cabo é
constituído por 4 pares de cobre entrançados
- **Categoria5**   100Mbit/s no máximo .   Este   tipo   de cabo é
constituído por 4 pares de cobre entrançados
- **Categoria 5e**: máximo de 1000 Mbit/s. Este tipo de cabo é constituído por 4 pares de cobre torcidos. A maioria das instalações telefónicas utiliza um cabo UTP.
Muitos locais estão pré-cablados para este tipo de instalação (frequentemente em número suficiente para satisfazer necessidades futuras). Se o par entrançado pré-instalado for de boa qualidade, é possível transferir dados e, por conseguinte, utilizá-lo numa rede informática. No entanto, é necessário ter em atenção o número de torções e outras caraterísticas eléctricas necessárias para uma transmissão de dados de qualidade. O principal problema é que o cabo UTP é particularmente propenso a interferências (sinais de uma linha

que se misturam com os de outra). A única solução é a blindagem. Par trançado blindado (STP)

O cabo **STP** (*Shielded Twisted Pair*) utiliza uma bainha de cobre de melhor qualidade e mais protetora do que a bainha utilizada pelo cabo UTP. Contém uma bainha protetora entre e à volta dos pares. No cabo STP, os fios de cobre de um par são eles próprios torcidos, o que confere ao cabo STP uma excelente blindagem,   ou seja, uma melhor proteção contra interferências.

interferências). Permite também uma transmissão mais rápida em distâncias mais longas. Conectores de par entrançado

O par entrançado é ligado através de um conetor RJ-45. Este conetor é semelhante ao RJ-11 utilizado em telefonia, mas diferente em certos aspectos: o RJ-45 é ligeiramente maior e não pode ser inserido numa tomada telefónica RJ-11. Além disso, o RJ-45 tem oito pinos, enquanto o RJ-11 tem geralmente apenas seis ou mesmo quatro.

3- Fibras ópticas

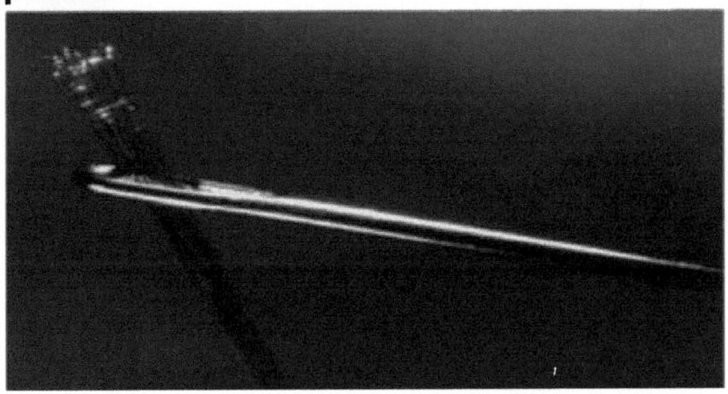

A partir dos anos 50, as fibras ópticas foram amplamente utilizadas na investigação científica, médica e industrial. Estas fibras de vidro de elevado índice de refração, colocadas paralelamente umas às outras e separadas por finas camadas de vidro de baixo índice de refração, podem transmitir sinais electromagnéticos (incluindo a luz) quase sem perdas e a velocidades muito elevadas. Os endoscópios estão equipados com este tipo de fibras, o que facilita o exame de cavidades do corpo humano normalmente inacessíveis. As fibras ópticas são atualmente utilizadas nas telecomunicações e têm um grande futuro pela frente. Combinadas com lasers, por exemplo, são utilizadas na telefonia de longa distância e na computação à distância.

:

- Leve
- Imunidade ao ruído
- Baixa atenuação
- Tolera débitos de dados de cerca de 100 Mbps
- Largura de banda de algumas dezenas de megahertz a vários

gigahertz (fibra monomodo)

A cablagem ótica está particularmente adaptada às ligações entre centros de distribuição (a ligação central entre vários edifícios, designada por *backbone*) porque permite ligações a longas distâncias (de alguns quilómetros a 60 km no caso da fibra monomodo) sem necessidade de ligação à terra. Além disso, este tipo de cabo é muito seguro, uma vez que é extremamente difícil de aceder.

No entanto, apesar da sua flexibilidade mecânica, este tipo de cabo não é adequado para ligações numa rede local porque é difícil de instalar e caro. É por isso que o cabo de par entrançado ou o cabo coaxial são preferidos para pequenas ligações.

5 - Multiplexagem

A multiplexagem refere-se à capacidade de transmitir dados de vários pares de equipamentos (emissores e receptores) num único meio físico (designado por *canal de alta velocidade*), que passa a ser designado por *canal de baixa velocidade*.

Um *multiplexador* é o equipamento de multiplexagem utilizado para combinar os sinais dos emissores para transmissão no *canal de alta velocidade*. O equipamento de multiplexagem no qual os receptores são ligados ao *canal de alta velocidade* é designado por *demultiplexador*.

Multiplexagem de frequências

A Multiplexagem por Divisão de Frequência (*FDM*), também conhecida como *MRF*, permite que a banda de frequência disponível no canal de alta velocidade seja dividida numa série de canais mais estreitos, de modo a que os sinais dos vários canais de baixa velocidade possam ser continuamente transmitidos no canal de alta velocidade.

Este processo é utilizado, nomeadamente, nas linhas telefónicas e nas ligações físicas de par trançado para aumentar o débito. Multiplexagem por divisão do tempo

A multiplexagem *por divisão do tempo* (*TDM*) permite que sinais de diferentes canais de baixa velocidade sejam amostrados e transmitidos sucessivamente no canal de alta velocidade, atribuindo-lhes toda a largura de banda, mesmo que não tenham dados para transmitir.

Multiplexagem estatística

A multiplexagem estatística tem as mesmas caraterísticas que a multiplexagem por divisão do tempo, exceto que apenas os canais de baixa velocidade que contêm dados são transmitidos no canal de alta velocidade. O nome deste tipo de multiplexagem vem do facto de os multiplexadores se basearem em estatísticas sobre o débito de cada linha de baixo débito. Como a linha de alta velocidade não transmite os *espaços em branco*, o desempenho é melhor do que com a multiplexagem por divisão de tempo.

CAPÍTULO 4

EQUIPAMENTO DE REDES INFORMÁTICAS

1- Apresentação

Uma **rede local** (*LAN*) é uma rede utilizada para interligar computadores dentro de uma empresa ou organização. Graças a este conceito, que remonta a 1970, os empregados de uma empresa têm à sua disposição um sistema que permite..:

- Trocar informações
- Para comunicar
- Acesso a uma gama de serviços

Uma rede local liga geralmente computadores (ou recursos como impressoras) utilizando meios de transmissão com fios (na maioria dos casos, cabos de par entrançado ou coaxiais) numa circunferência de cerca de cem metros. Para além disso, considera-se que a rede faz parte de uma outra categoria de rede denominada MAN (*metropolitan area network*), para a qual os meios de transmissão são mais adequados para longas distâncias...

2- Os componentes de hardware de uma rede local

Uma rede local é constituída por computadores ligados por um conjunto de componentes de hardware e software. Os elementos de hardware utilizados para interligar computadores são os seguintes:

- **A placa de rede** (por vezes designada por *coupler*): trata-se de uma placa ligada à placa-mãe do computador, que lhe permite fazer a interface com o meio físico, ou seja, as linhas físicas utilizadas para transmitir a informação.
- **O transcetor** (também conhecido como *adaptador*): transforma os sinais que circulam no meio físico em sinais lógicos que podem ser manipulados pela placa de rede, tanto na transmissão como na receção:
- **A tomada**: é o elemento que faz a ligação mecânica entre a placa de rede e o suporte físico.
- **O meio físico de interconexão**: é o meio (geralmente com fios, ou seja, sob a forma de um cabo) utilizado para ligar os   computadores entre si   . Os principais meios físicos
utilizados nas redes locais são os seguintes:

  o O cabo coaxial
  o   Escudo torcido
  o   Fibra ótica

3- Topologias de redes locais

Os dispositivos de hardware, por si só, não são suficientes para utilizar uma rede local. É necessário definir um método normalizado de acesso entre os computadores, para que se saiba como é que os computadores trocam informações, sobretudo quando mais de dois computadores partilham o meio físico. Este método de acesso é designado por **topologia lógica**. A topologia lógica é obtida através de um **protocolo de acesso**. Os protocolos de acesso mais utilizados são:

- Ethernet
- Anel de fichas

A forma como os computadores estão fisicamente interligados é designada por **topologia física**. As topologias físicas básicas são:

- Topologia em anel
- Topologia de barramento
- Topologia em estrela

4- Interligação de redes

1- Interligação

A necessidade de interconexão

Uma rede local é utilizada para interligar os computadores de uma organização. No entanto, uma organização tem geralmente várias redes locais, pelo que, por vezes, é essencial ligá-las entre si. Neste caso, são necessários equipamentos específicos.

No caso de duas redes do mesmo tipo, é suficiente passar os quadros de uma para a outra. No caso contrário, ou seja, quando as duas redes utilizam protocolos diferentes, é indispensável efetuar uma conversão de protocolos antes de transferir os fotogramas. Os equipamentos a utilizar variam, portanto, consoante a configuração. Equipamentos de interconexão

Os principais dispositivos de hardware utilizados nas redes locais são:

- Repetidores, para regenerar um sinal
- Hubs, para ligar vários anfitriões entre si
- Pontes, utilizadas para ligar redes locais do mesmo tipo
- Comutadores para ligar vários elementos e segmentar a rede
- Gateways, utilizados para ligar redes locais de diferentes tipos
- Routers, utilizados para ligar várias redes locais de modo a que os dados possam fluir de uma rede para outra da forma mais eficiente possível.
- B-router, que combina as funções de um router e de uma ponte

2- Repetidores

Numa linha de transmissão, quanto maior for a distância entre dois elementos activos, maior será a distorção e a atenuação do sinal.

Geralmente, dois nós de uma rede local não podem estar separados por mais de algumas centenas de metros, razão pela qual é necessário equipamento adicional para além desta distância.

Um *repetidor* é um equipamento simples utilizado para regenerar um sinal entre dois nós de rede, de modo a aumentar a distância de cablagem de uma rede. O repetidor só funciona a nível físico (camada 1 do modelo OSI), ou seja, só funciona a nível da informação binária que circula na linha de transmissão e não é capaz de interpretar os pacotes de informação.

Por outro lado, um repetidor pode ser utilizado para formar uma interface entre dois tipos diferentes de meios físicos, ou seja, pode, por exemplo, ser utilizado para ligar um segmento de par entrançado a um segmento de fibra ótica.

3- O **concentrador**

Um **concentrador** é uma peça de hardware que concentra o tráfego de rede de vários hosts e regenera o sinal. O concentrador é uma entidade com um determinado número de portas (tem tantas portas quantas as máquinas que pode ligar entre si, geralmente 4, 8, 16 ou 32). O seu único objetivo é recuperar os dados binários que chegam a uma porta e distribuí-los por todas as portas. Tal como o repetidor, o concentrador funciona no nível 1 do modelo OSI, razão pela qual é por vezes designado por *repetidor multiporta*.

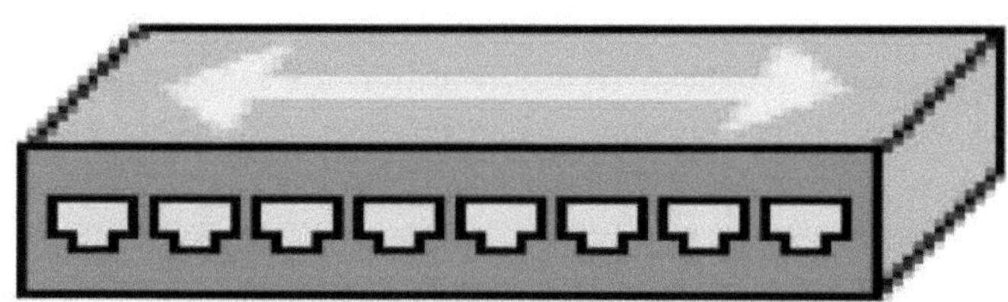

O concentrador é utilizado para ligar várias máquinas entre si, por vezes numa configuração em estrela, razão pela qual é designado por *hub*, para ilustrar o facto de ser o ponto por onde passam as comunicações entre as diferentes máquinas.

1- Tipo de concentradores

Existem várias categorias de concentradores:

• Concentradores **"activos"**: são alimentados por eletricidade e regeneram o sinal nas várias portas.

• Os concentradores ditos **"passivos"**: só podem ser utilizados para transmitir o sinal a todos os anfitriões ligados sem amplificação

2- Ligação de vários hubs

É possível ligar vários hubs entre si para concentrar um maior número de máquinas, o que se designa por "daisy chain". Para o efeito, basta ligar os hubs através de um cabo cruzado, ou seja, um cabo que ligue os conectores de receção de uma extremidade aos conectores de receção da outra.

Os hubs estão geralmente equipados com uma porta especial chamada "uplink", que permite a utilização de um cabo direto para ligar dois hubs entre si. Há também hubs que cruzam ou descruzam automaticamente as suas portas, consoante estejam ligados a um anfitrião ou a um hub.

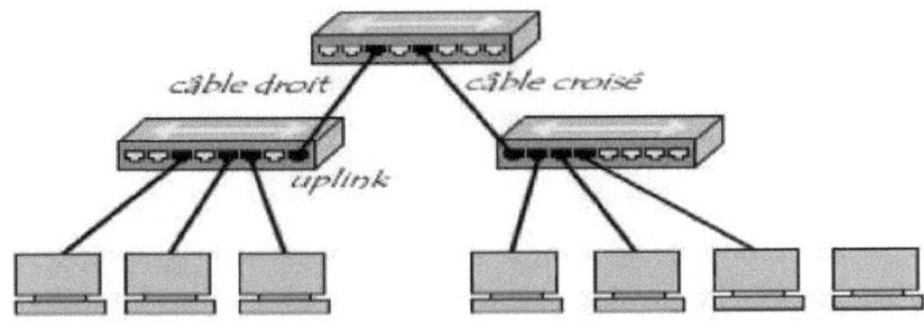

Se quiser ligar várias máquinas à sua ligação à Internet, um hub não é suficiente. Terá de utilizar um router ou um switch, ou deixar que o computador ligado diretamente à ligação actue como gateway (para que esteja sempre ligado quando os outros computadores da rede quiserem aceder à Internet).

4- Pontes

As pontes são dispositivos de hardware utilizados para ligar redes que funcionam com o mesmo protocolo. Ao contrário de um repetidor, que funciona a nível físico, uma ponte funciona também a nível lógico (camada 2 do modelo OSI), ou seja, é capaz de filtrar os quadros, deixando passar apenas aqueles cujo endereço corresponde a uma máquina situada no lado oposto da ponte. Desta forma, a ponte permite segmentar uma rede, mantendo os quadros destinados à rede local a nível local e transmitindo os quadros destinados a outras redes. Isto reduz o tráfego (nomeadamente as colisões) em cada uma das redes e aumenta a confidencialidade, uma vez que as informações destinadas a uma rede não podem ser escutadas na outra. Por outro lado, a operação de filtragem efectuada pela ponte pode provocar uma ligeira lentidão na passagem de uma rede para outra, razão pela qual as pontes devem ser judiciosamente colocadas numa rede.

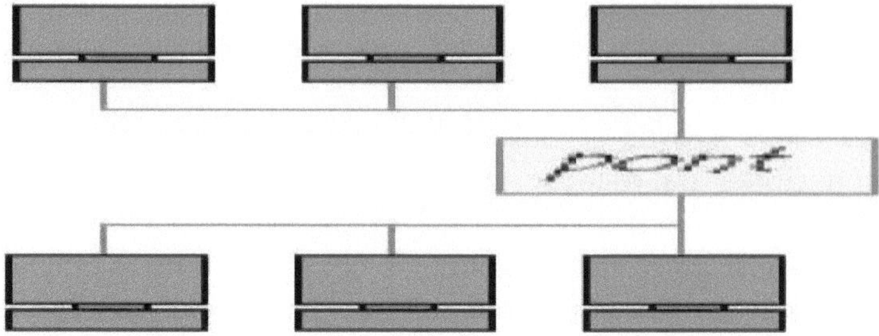

Uma ponte é normalmente utilizada para transferir pacotes entre duas redes do mesmo tipo.

1- Princípio

Uma ponte tem duas ligações a duas redes distintas. Quando a ponte recebe um quadro numa das suas interfaces, analisa o endereço MAC do destinatário e do remetente. Se a ponte não conhece o remetente, armazena o endereço numa tabela para "lembrar" em que lado da rede o remetente está. Desta forma, a ponte sabe se o remetente e o destinatário estão no mesmo lado ou em lados opostos da ponte. No primeiro caso, a ponte ignora a mensagem; no segundo, a ponte transmite o quadro para a outra rede.

2- Funcionamento da ponte

Uma ponte funciona no nível de *ligação de dados* do modelo OSI, ou seja, funciona ao nível dos endereços físicos das máquinas. Na realidade, a ponte está ligada a várias redes locais, chamadas **segmentos**. A ponte cria uma tabela de correspondência entre os endereços das máquinas e o segmento a que pertencem, e "escuta" os dados que circulam nos segmentos.

Durante uma transmissão de dados, a ponte verifica a tabela de mapeamento para determinar o segmento a que pertencem os computadores emissor e recetor (utilizando o seu endereço físico, conhecido como endereço MAC, e não o seu endereço IP). Se pertencerem ao mesmo segmento, a ponte não faz nada; caso contrário, transfere os dados para o segmento a que pertence o recetor.

3- Utilidade de um dispositivo deste tipo

A ponte permite que uma rede seja segmentada, ou seja, no caso mostrado acima, as comunicações entre os 3 computadores mostrados em cima não atrapalham as linhas de rede entre os 3 computadores de baixo, a informação só passará quando um computador de um lado da ponte enviar dados para um computador do outro lado./χ^v.

Estas pontes podem também ser ligadas a um modem, para assegurar a continuidade de uma rede local remota.

Aqui está um diagrama esquemático de uma ponte:

4- O *comutador* é uma ponte multiportas, ou seja, um elemento ativo que funciona no nível 2 do modelo OSI. O comutador analisa os fotogramas que chegam às suas portas de entrada e filtra os dados para os encaminhar apenas para as portas adequadas (isto é conhecido como **comutação** ou **redes comutadas**). Por outras palavras, o comutador combina as propriedades de filtragem de uma ponte e as propriedades de conetividade de um concentrador.

Aqui está um diagrama esquemático de um interrutor:

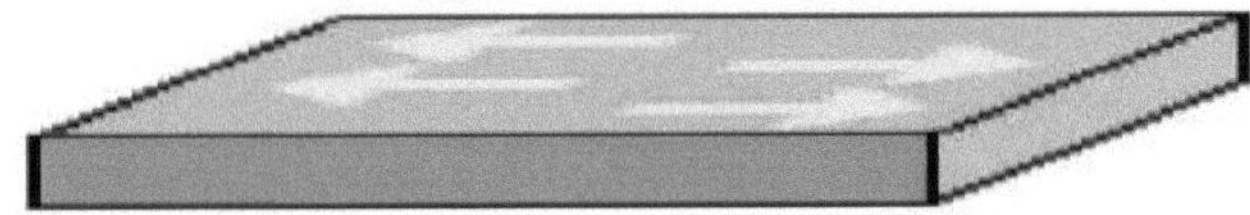

5- Gateways de aplicação

As gateways de aplicação são sistemas de hardware e software utilizados para ligar duas redes, nomeadamente para estabelecer a interface entre diferentes protocolos.

Quando um utilizador remoto contacta um dispositivo deste tipo, este examina o pedido e, se este corresponder às regras definidas pelo administrador da rede, a gateway cria uma ponte entre as duas redes. Assim, a informação não é transmitida diretamente, mas "traduzida" para assegurar a continuidade dos dois protocolos.

Para além de constituir uma interface entre duas redes heterogéneas, este sistema oferece uma segurança suplementar, pois cada informação é analisada (o que pode provocar um abrandamento) e, por vezes, acrescentada a um registo que traça o historial dos acontecimentos. O principal inconveniente deste sistema é o facto de ser necessário dispor de uma aplicação deste tipo para cada serviço (FTP, HTTP, Telnet, etc.).

6- Routers

Apresentação de routers

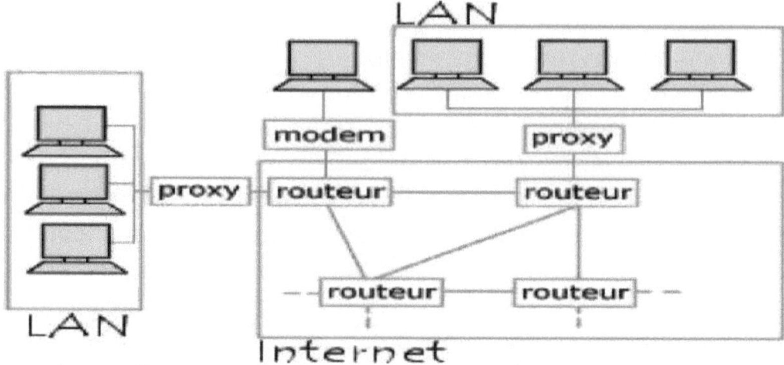

Os routers são as máquinas chave na Internet, pois são estes dispositivos que "escolhem" o caminho que uma mensagem vai seguir. Quando se pede um URL, o cliente Web consulta o DNS, que indica o endereço IP da máquina em questão. A sua estação de trabalho envia o pedido para o router mais próximo (normalmente o gateway da rede), que escolhe a máquina seguinte para a qual vai reencaminhar o pedido, de modo a que o caminho escolhido seja o mais curto.

Além disso, os encaminhadores permitem manipular os dados (que circulam sob a forma de datagramas) para que possam passar de um tipo de rede para outro (ao contrário de um dispositivo do tipo ponte). Isto significa que as redes não podem fazer circular a mesma quantidade de informação ao mesmo tempo, em termos de tamanho dos pacotes de dados. Os routers podem, portanto, fragmentar os pacotes de dados para permitir a sua circulação.

Por último, alguns routers são capazes de criar mapas (tabelas de encaminhamento) das rotas a seguir em função do endereço de destino, utilizando protocolos dedicados a esta tarefa.

1- Qual o aspeto de um router

Os primeiros routers eram computadores simples com várias placas de rede (conhecidas como máquinas multi-hospedeiro), cada uma das quais ligada a uma rede diferente.

A maioria dos routers actuais dedica-se à tarefa de encaminhamento. Um router tem várias interfaces de rede, cada uma ligada a uma rede diferente. Por conseguinte, um router tem tantos endereços IP quantas as diferentes redes a que está ligado.

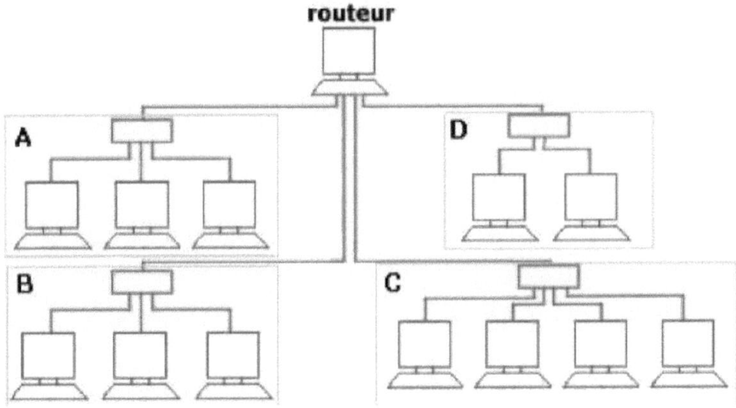

2- Tipos de encaminhamento

Existem geralmente dois tipos de algoritmos de encaminhamento:

• Os encaminhadores *de vectores de distância* compilam uma tabela de encaminhamento que lista e calcula o "custo" (em termos do número de saltos) de cada rota e, em seguida, transmitem essa tabela aos encaminhadores vizinhos. Sempre que é pedida uma ligação, o encaminhador escolhe a rota "menos dispendiosa".

• Os encaminhadores **de** *estado da* **ligação** escutam a rede continuamente para identificar os vários elementos que a rodeiam. A partir desta informação, cada encaminhador calcula o caminho mais curto (em tempo) para os encaminhadores vizinhos e difunde esta informação sob a forma de *pacotes de atualização*. Finalmente, cada encaminhador constrói a sua tabela de encaminhamento, calculando os caminhos mais curtos para todos os outros encaminhadores (utilizando o algoritmo de *Dijkstra*).

3- Como funciona um router

No caso acima, o cenário é simples. Se o router receber pacotes da rede A para a rede B, encaminhará simplesmente os pacotes para a rede B...

No entanto, na Internet, o esquema é muito mais complicado pelas seguintes razões:

• O número de redes às quais um router está ligado é geralmente elevado;

• As redes a que o router está ligado podem estar ligadas a outras redes de que o router não tem conhecimento direto.

Os routers funcionam utilizando tabelas de encaminhamento e protocolos de encaminhamento, que são explicados na secção sobre encaminhamento.

7- Veículos de rodas B

1- Apresentação dos B-routeurs

Um *B-router* é um dispositivo híbrido que combina as funções de um router e de uma bridge. Este tipo de equipamento permite que protocolos não encaminháveis sejam transferidos de uma rede para outra, enquanto encaminha outros. Mais precisamente, o encaminhador B actua principalmente como uma ponte e encaminha os pacotes se tal não for possível.

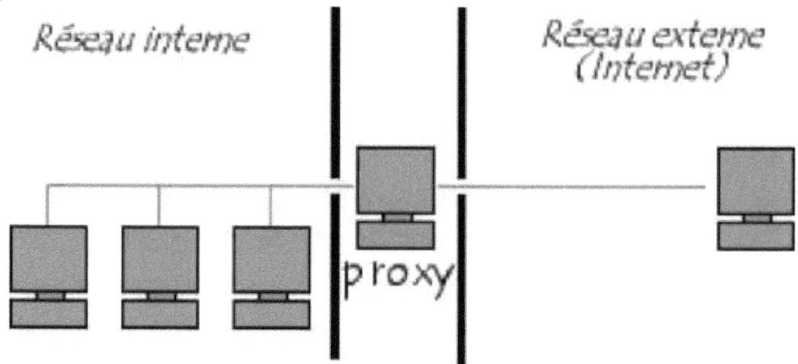

Um B-router pode, portanto, em algumas arquitecturas, ser mais económico e compacto do que um router e uma ponte.

PROXY

1-Introdução à noção de proxy

Um *servidor* **proxy** é uma máquina que actua como intermediário entre os computadores de uma rede local (por vezes utilizando protocolos diferentes do TCP/IP) e a Internet.

Na maior parte das vezes, o servidor proxy é utilizado para a Web, sendo nesse caso um proxy HTTP. No entanto, podem existir servidores proxy para cada protocolo de aplicação (FTP, etc.).

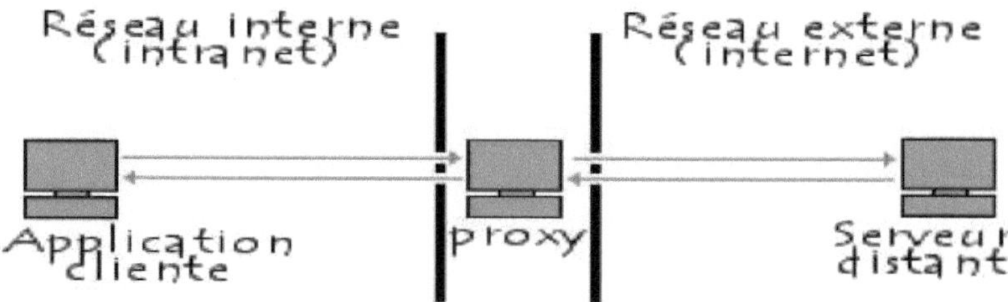

2- Como funciona um proxy

O princípio básico de funcionamento de um servidor proxy é bastante simples: é um servidor "mandatado" por uma aplicação para efetuar um pedido na Internet em seu nome. Assim, quando um utilizador se liga à Internet utilizando uma aplicação cliente configurada para utilizar um servidor proxy, a aplicação cliente liga-se primeiro ao servidor proxy e apresenta-lhe o seu pedido. O servidor proxy liga-se então ao servidor que a aplicação cliente está a tentar alcançar e envia-lhe o pedido. O servidor dá então a sua resposta ao proxy, que por sua vez a transmite à aplicação cliente.

3- Caraterísticas do servidor proxy

Atualmente, com a utilização do TCP/IP nas redes locais, a função de retransmissão do servidor proxy é desempenhada diretamente por gateways e routers. No entanto, os servidores proxy ainda são relevantes hoje em dia graças a uma série de outras funções.

4- A função de cache

A maioria dos proxies tem uma função de *cache*, ou seja, a capacidade de armazenar (*cache)* as páginas mais frequentemente visitadas pelos utilizadores da rede local, para que possam ser fornecidas o mais rapidamente possível. Em informática, o termo "cache" refere-se a um espaço de armazenamento temporário de dados (o termo "buffer" também é por vezes utilizado).

Um servidor proxy com a capacidade de armazenar informações em cache é geralmente referido como um "servidor **proxy-cache**".

Esta funcionalidade, que está implementada em certos servidores proxy, ajuda a reduzir a utilização da largura de banda da Internet, bem como a reduzir os tempos de acesso dos utilizadores aos documentos.

No entanto, para executar esta tarefa com êxito, o proxy tem de comparar regularmente os dados que armazena na memória cache com os dados remotos para garantir que os dados armazenados em cache ainda são válidos.

5- Filtragem

Ao utilizar um proxy, também é possível monitorizar as ligações (*registo ou rastreio*), criando *registos de* atividade que registam sistematicamente os pedidos dos utilizadores quando estes se ligam à Internet.

Assim, é possível filtrar as ligações à Internet analisando tanto os pedidos dos clientes como as respostas dos servidores. Quando a filtragem é efectuada através da comparação do pedido do cliente com uma lista de pedidos autorizados, é designada por *lista branca*; quando se trata de uma lista de sítios proibidos, é designada por *lista negra*. Por último, a análise das respostas do servidor em função de uma lista de critérios (palavras-chave, etc.) é designada por *filtragem de conteúdos*.

6- Autenticação

Na medida em que o proxy é o intermediário essencial para que os utilizadores da rede interna acedam a recursos externos, é por vezes possível utilizá-lo para autenticar os utilizadores, ou seja, pedir-lhes que se identifiquem utilizando um nome de utilizador e uma palavra-passe, por exemplo. Isto facilita a

dar acesso a recursos externos apenas a pessoas autorizadas a fazê-lo e poder registar os acessos identificados em ficheiros de registo.

Quando implementado, este tipo de mecanismo representa um sério risco para o ambiente.

É evidente que existem muitos problemas relacionados com as liberdades individuais e os direitos das pessoas...

7- Procuração inversa

Um servidor *proxy invertido* é um servidor de cache proxy "montado ao contrário", ou seja, um servidor proxy que não permite que os utilizadores acedam à Internet, mas sim que os utilizadores da Internet acedam à Internet indiretamente.

O proxy invertido funciona como um retransmissor para os utilizadores da Internet para determinados servidores internos.

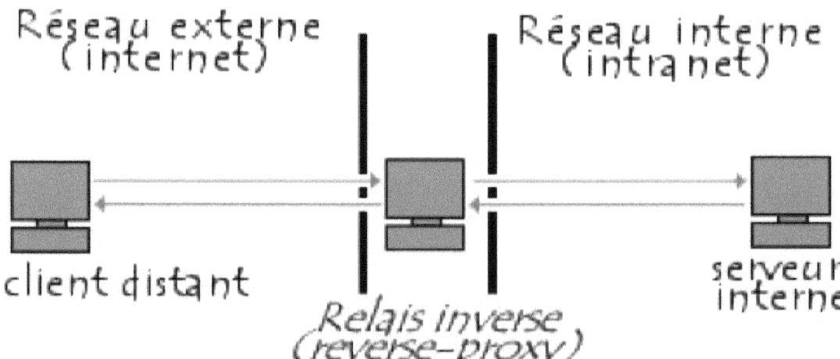

que pretendam aceder a um sítio Web interno, transmitindo-lhe indiretamente os pedidos. Graças ao proxy invertido, o servidor Web está protegido contra ataques diretos do exterior, o que reforça a segurança da rede interna. Além disso, a função de cache do proxy invertido pode aliviar a carga do servidor a que se destina, razão pela qual este servidor é por vezes designado por "*acelerador de servidor*".

Por último, graças a algoritmos sofisticados, o proxy invertido pode ser utilizado para distribuir a carga, redireccionando os pedidos para diferentes servidores equivalentes, o que se designa por "*equilíbrio* de carga".

8- Configuração de um servidor proxy

O proxy mais utilizado é, sem dúvida, o Squid, um programa de código aberto disponível em muitas plataformas, incluindo Windows e Linux.

No Windows, existem vários programas que podem ser utilizados para configurar um servidor proxy de baixo custo para a sua rede local:

. Wingate é a solução mais comum (mas não gratuita).

. a configuração de um proxy com o servidor Jana está a tornar-se cada vez mais comum.

. O Windows 2000 incorpora o Microsoft Proxy Server (MSP), complementado pelo Microsoft Proxy Client, para efetuar esta operação.

CAPÍTULO 5

PROTOCOLOS DE INTERNET

1- Apresentação

Nos primórdios da informática, os computadores foram desenvolvidos e, assim que se tornaram capazes de funcionar sozinhos, surgiu a ideia de os ligar entre si para que pudessem trocar dados - o conceito de rede. Era, portanto, necessário desenvolver ligações físicas entre os computadores para que a informação pudesse circular, mas também uma linguagem de comunicação para que pudesse haver uma verdadeira troca. Decidiu-se dar a esta linguagem o nome de *protocolo*.

Na Internet são utilizados vários protocolos, todos eles parte de um conjunto de protocolos conhecido como TCP/IP. O TCP/IP baseia-se na identificação de cada computador por um endereço chamado *endereço IP*, que permite que os dados sejam enviados para o endereço correto. Estes endereços são depois associados a nomes de domínio para serem mais fáceis de memorizar.

Redes heterogéneas (de diferentes tipos) desenvolveram-se nos quatro cantos do mundo, e as pessoas decidiram ligar essas redes entre si (universidades, por exemplo, ou o exército). Os protocolos evoluíram para permitir que todas estas redes comunicassem, formando uma rede de redes, formando gradualmente uma gigantesca teia de aranha, a maior rede do mundo - contendo todas as redes - conhecida como **Internet**! Na Internet existem diferentes protocolos (linguagens utilizadas entre computadores) que permitem fazer coisas diferentes:

- IRC: conversar em direto
- http: ver páginas web
- ftp: transferir ficheiros
- e muito mais

A cada um deles é atribuído um número (a porta) que é transmitido durante a comunicação (a transmissão é efectuada em pequenos pacotes de informação). Desta forma, sabemos qual o programa que corresponde a cada pequeno pacote:

- os pacotes http chegam à porta 80 e são transmitidos para o navegador web a partir do qual a página foi chamada
- Os pacotes irc chegam na porta 6667 (ou em outra porta, geralmente em torno de 7000) e são encaminhados para um programa como o mIRC (ou similar).

2-Conexão à Internet

A placa de rede é a parte do computador que permite a ligação a uma rede através de linhas especialmente concebidas para transportar informações digitais. O modem, por outro lado, permite a ligação a uma rede através de linhas telefónicas... que não foram originalmente concebidas para este fim (mas que continuam a ser o meio de comunicação mais comum). Uma placa de rede tem o seu próprio endereço IP (é assim que se pode distinguir entre diferentes computadores na Internet ... caso contrário, é difícil criar um sistema de comunicação).

A ligação através de um modem é completamente diferente. Um modem é utilizado para estabelecer a comunicação entre dois computadores através de uma linha telefónica. No entanto, pode aceder a uma rede (e portanto, por extensão, à Internet) contactando um computador ligado ("de um lado") a uma ou mais linhas telefónicas (para receber a sua chamada) e ("do outro lado") a uma rede através de uma placa de rede. Este computador pertence normalmente ao seu fornecedor de serviços Internet (ISP). Quando o ISP estabelece a ligação através dele, empresta-lhe um endereço IP que mantém durante toda a duração da ligação. De cada vez que se liga, o ISP atribui-lhe arbitrariamente um dos endereços IP gratuitos de que dispõe, pelo que este não é um endereço IP "fixo".

a-Protocolos

Um **protocolo** é um método normalizado de comunicação entre processos (possivelmente executados em máquinas diferentes), ou seja, um conjunto de regras e procedimentos a seguir para enviar e receber dados numa rede. Existem vários protocolos, dependendo do que se espera da comunicação. Alguns protocolos, por exemplo, são especializados na troca de ficheiros (FTP), enquanto outros se limitam a gerir o estado da transmissão e os erros (por exemplo, o protocolo ICMP). Na Internet, os protocolos utilizados fazem parte de um conjunto de protocolos, ou seja, um conjunto de protocolos interligados. Este conjunto de protocolos é designado por TCP/IP. Contém, entre outros, os seguintes protocolos:

. **HTTP, FTP, ARP, ICMP, IP, TCP, UDP, SMTP, Telnet, NNTP**
Protocolos orientados para a ligação e não orientados para a ligação
Os protocolos dividem-se geralmente em duas categorias, consoante o nível de controlo dos dados exigido:

. **Protocolos orientados para a ligação**: São protocolos que controlam a transmissão de dados **durante** uma comunicação entre duas máquinas. Neste esquema, a máquina recetora envia avisos de receção durante a comunicação, de modo a que a máquina emissora garanta a validade dos dados que envia. Os dados são enviados sob a forma de um fluxo. O TCP é um protocolo orientado para a ligação

. **Protocolos não orientados para a ligação**: Trata-se de um modo de comunicação em que a máquina emissora envia dados sem notificar a máquina recetora e a máquina recetora recebe os dados sem notificar a máquina emissora. Os dados são enviados sob a forma de blocos (datagramas). O UDP é um protocolo **não orientado para a ligação**

b- Protocolo e aplicação

Um protocolo define apenas o modo como as máquinas devem comunicar, ou seja, a forma e a sequência dos dados a trocar. No entanto, um protocolo não define a forma de programar o software para que seja compatível com o protocolo. **A implementação** é a tradução de um protocolo em linguagem informática.

As especificações dos protocolos nunca são exaustivas, pelo que é comum que as implementações estejam sujeitas a uma certa interpretação das especificações, o que por vezes conduz a caraterísticas específicas em certas implementações ou, pior ainda, a incompatibilidades ou falhas de segurança c- Endereço IP

O que é um endereço IP

Na Internet, os computadores comunicam entre si utilizando o protocolo TCP/IP, que utiliza números <u>de 32 bits</u>, escritos sob a forma de 4 números de 0 a 255 (4 vezes 8 bits), sob a forma xxx.xxx.xxx.xxx, em que cada xxx representa um número inteiro de 0 a 255. Estes números são utilizados pelos computadores da rede para se identificarem uns aos outros, de modo a que não haja dois computadores na rede com o mesmo endereço IP (IP significa *Internet Protocol*).

Por exemplo, *194.153.205.26* é um endereço TCP/IP dado em forma técnica. Estes são os endereços conhecidos pelos computadores que comunicam com eles.

A IANA (*Internet Assigned Numbers Agency*) é responsável pela atribuição destes números.

Desencriptar um endereço IP

Como já vimos, um endereço IP é um endereço de 32 bits escrito como 4 números inteiros separados por pontos. Na verdade, um endereço IP tem duas partes:

•   uma parte dos números à esquerda identifica a rede (designa-se por *netID*)

•   Os números à direita identificam os computadores desta rede (designados por *ID do anfitrião*).

Vejamos um exemplo:

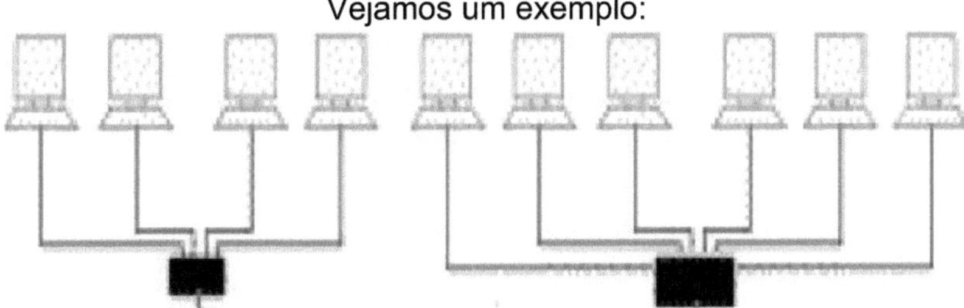

Hterne está representada acima por duas pequenas redes.

A rede à esquerda é a 194.28.12. Contém os seguintes computadores:

.   194.28.12.1 à 194.28.12.4

O da direita é 178.12.77. Incluirá os seguintes computadores:

.   178.12.77.1 à 178.12.77.6

As redes são, portanto, numeradas como 194.28.12 e 178.12.77, e cada um dos computadores da rede é numerado de forma crescente. Imaginemos uma grande rede com o número *58.24*: os computadores a ela ligados receberão geralmente endereços IP que vão de *58.24.0.1* a *58.24.255.254*. Assim, os números têm de ser atribuídos de forma a que haja uma organização na hierarquia dos computadores e servidores...

Quanto menor for o número de bits reservados para a rede, maior será o número de computadores que ela pode conter. De facto, uma rede com a classificação 102 pode conter computadores com endereços IP que vão de 102.0.0.1 a 102.255.255.254   (256*256*256-2=16777214 possibilidades), enquanto

que uma rede anotada 194.26 só pode conter computadores cujo endereço IP esteja entre 194.26.0.1 e 194.26.255.254 (256*256-2=65534 possibilidades), esta é a noção de **classe**.

Endereços especiais

Quando a parte do host-id é anulada, ou seja, quando os bits reservados às máquinas da rede são substituídos, obtém-se o chamado **endereço de rede**.

Por exemplo, 194.28.12.0 é um endereço de rede e, por isso, não pode ser atribuído a nenhum dos computadores da rede.

Quando a parte netid é anulada, ou seja, quando os bits reservados à rede são substituídos, obtém-se o chamado **endereço de máquina**. Este endereço representa a máquina especificada pelo host-ID na rede atual.

Quando todos os bits na parte do host-id são definidos como 1, obtemos

59

o que é conhecido como **endereço de difusão**, ou seja, um endereço que será utilizado para enviar a mensagem a todas as máquinas na rede especificada pelo *netID*.

Quando todos os bits na parte netid são definidos como 1, obtemos o que é conhecido como **endereço multicast**.

O endereço **127.0.0.1** é conhecido como o **endereço de loopback local**, porque se refere ao *anfitrião* local.

3- Classes de rede

Assim, os endereços IP são divididos em classes, de acordo com o número de bytes que representam a rede.

Classe A

Num endereço IP de classe A, o primeiro byte representa a rede. [7]O bit mais significativo (o primeiro bit, à esquerda) é zero, o que significa que existem 2 (00000000 a 01111111) redes possíveis, ou seja, 128. No entanto, a rede 0 (00000000)

não existe e o número 127 está reservado para designar a sua máquina, pelo que as redes disponíveis na classe A são as que vão de **1.0.0.0** a **126.0.0.0** (quando os últimos bytes são zeros, isso indica uma rede e não um computador!)

[24]Os três bytes à direita representam os computadores nas redes, pelo que a rede pode conter: 2 - 2 = 16777214 computadores.

Um endereço IP de classe A, em binário, tem o seguinte aspeto:

0	**xxxxxxx**	*xxxxxxxx*	<u>xxxxxxxx</u>	XXXXXXXX
	Rede		Computadores	

Classe B

Num endereço IP de classe B, os dois primeiros octetos representam a rede. [14]Os dois primeiros bits são 1 e 0, o que significa que existem 2 (10 000000 00000000 a 10 111111 11111111) redes possíveis, ou seja, 16384. [161]Os dois bytes da direita representam os computadores da rede, pelo que a rede pode conter: 2 - 2 = 65534 computadores.

Um endereço IP de classe B, em binário, tem o seguinte aspeto:

10	xxxxxx	xxxxxxxx	xxxxxxxx	xxxxxxxx
	Rede		Computadores	

Classe C

Num endereço IP de classe C, os três primeiros octetos representam a rede. [21]Os três primeiros bits são 1, 1 e 0, o que significa que existem 2 redes possíveis, ou seja, 2097152. As redes disponíveis na classe C são, portanto, as de **192.0.0.0** a **223.255.255.0**.

[81]O byte da direita representa os computadores da rede, pelo que a rede pode conter: 2 - 2 = 254 computadores.

Um endereço IP de classe C, em binário, tem o seguinte aspeto:

110	xxxxx	xxxxxxxx	xxxxxxxx	xxxxxxxx
Rede				Computadores

Atribuição de endereços IP

O objetivo de dividir os endereços IP em três classes A, B e C é facilitar a localização de um computador na rede. Utilizando esta notação, pode começar por procurar a rede que pretende alcançar e, em seguida, procurar um computador nessa rede. Os endereços IP são atribuídos de acordo com a dimensão da rede.

Classe	Número de redes possíveis	Número máximo de computadores em cada
A	126	16 777 214
B	16 384	65 534
C	2 097152	254

Os endereços de classe A são reservados para redes muito grandes, enquanto os endereços de classe C são atribuídos a pequenas redes empresariais, por exemplo Endereços IP reservados

É frequente numa empresa que apenas um computador esteja ligado à Internet, e é através deste computador que os outros computadores da rede acedem à Internet (esta situação é geralmente designada por proxy). Neste caso, apenas o computador ligado à Internet necessita de reservar um endereço IP junto da INTERNIC.

No entanto, os outros computadores continuam a necessitar de um endereço IP para poderem comunicar entre si internamente. A INTERNIC reservou, portanto, alguns endereços em cada classe para que os computadores de uma rede local ligada à Internet possam receber um endereço IP sem o risco de criar conflitos de endereços IP na rede. Estes endereços são os seguintes: . 10.0.0.1 à 10.255.255.254

.   172.16.0.1 à 172.31.255.254

.   192.168.0.1 à 192.168.255.254

Máscaras de sub-rede

Noção de máscara

Para compreender o que é uma máscara, pode ser interessante dar uma vista de olhos na secção do assembler que fala de máscara binária. Resumindo, criamos uma máscara que contém 1s nos lugares dos bits que queremos manter, e 0s para aqueles que queremos tornar iguais a zero. Uma vez criada esta máscara, tudo o que tem de fazer é AND o valor que quer mascarar com a máscara para manter a parte que quer intacta e cancelar o resto.

Uma máscara de rede (*netmask*) tem a forma de 4 bytes separados por pontos (como um endereço IP) e inclui (na sua notação binária) zeros para os bits do endereço IP que pretende eliminar (e 1s para os bits que pretende manter).

Benefícios de uma máscara

De facto, existem várias. Uma delas é conhecer a rede associada a um endereço IP.

Como vimos anteriormente, a rede é determinada por um certo número de bytes no endereço IP (1 byte para endereços de classe A, 2 para endereços de classe B e 3 bytes para classe C). Além disso, vimos que uma rede é pontuada tomando o número de bytes que a caracterizam e, em seguida, adicionando 0s.

Por exemplo, a rede associada ao endereço *34.56.123.12* é *34.0.0.0* (uma vez que este é um endereço de classe A). Para descobrir o endereço da rede associada ao endereço IP 34.56.123.12, basta aplicar uma máscara em que o primeiro byte só contenha 1's (o que dá 255), e depois 0's nos bytes seguintes (o que dá 0...).

A máscara é: *11111111.00000000.00000000.00000000*

A máscara associada ao endereço IP *34.208.123.12* é, portanto, *255.0.0.0*.

O valor binário de *34.208.123.12* é:

00100010.11010000.01111011.00001100

Um e entre

00100010.11010000.01111011.00001100

e

11111111.00000000.00000000.00000000 donne

00100010.00000000.00000000.00000000

ou seja, *34.0.0.0*, que é a rede associada ao endereço *34.208.123.12*.

Por generalização, obtemos as seguintes máscaras para cada classe:

.Para um endereço **de classe A**, só nos interessa o primeiro byte, pelo que temos uma máscara do tipo *11111111.00000000*.00000000.00000000.00000000, ou seja, em notação decimal: **255.0.0.0**

. Para um endereço **de classe B**, estamos interessados nos dois primeiros bytes, pelo que temos uma máscara com o formato *11111111.11111111*.00000000.00000000, ou seja, em notação decimal: **255.255.0.0**

. Para um endereço **de classe C**

Estamos interessados nos primeiros três bytes, pelo que temos uma máscara com o formato *11111111.11111111*.11111111.00000000, ou seja, em notação decimal: **255.255.255.0**

Criar sub-redes

Voltemos ao exemplo da rede 34.0.0.0, e suponhamos que queremos que os dois primeiros bits do segundo byte sejam usados para designar a rede.

A máscara a aplicar será, então, a seguinte:

11111111.11000000.00000000.00000000 ou seja, 255.192.0.0

Se aplicarmos esta máscara ao endereço 34.208.123.12 obtemos: 34.192.0.0

Na realidade, existem 4 cenários possíveis para o resultado de mascarar o endereço IP de um computador na rede 34.0.0.0

- Ou os dois primeiros bits do segundo byte são **00**, nesse caso, o resultado da máscara é **255.0.0.0**
- Ou os dois primeiros bits do segundo byte são **01**, nesse caso, o resultado da máscara é **255.64.0.0**
- Ou os dois primeiros bits do segundo byte são **10**, nesse caso, o resultado da máscara é **255.128.0.0**
- Os dois primeiros bits do segundo byte são **11**, nesse caso, o resultado da máscara é **255.192.0.0**

[22]Esta máscara divide, portanto, uma rede de classe A (capaz de admitir 16777214 computadores) em 4 sub-redes (daí o nome *máscara de sub-redes*) capazes de admitir 2 computadores, ou seja, 4194304 computadores.

A propósito, o número total de computadores possíveis em ambos os casos é 16777214 (4 x 4194304 - 2 = 16777214).

O número de sub-redes depende do número de bits extra atribuídos à rede (aqui).

O número de sub-redes é, por conseguinte

Número de bits	Número de sub-redes
1	2
2	4
3	8

4	16
5	32
6	64
7	128
8 (impossível para uma classe C)	256

4-O sistema de nomes de domínio

1- O Sistema de Nomes de Domínio (DNS)

Todos os computadores diretamente ligados à Internet têm, pelo menos, um endereço IP próprio. No entanto, os utilizadores não querem trabalhar com endereços numéricos, como *194.153.205.26*, mas sim com nomes de máquinas ou endereços mais explícitos (chamados endereços FQDN), como http://www.commentcamarche.net/.

Por conseguinte, é possível associar nomes em linguagem corrente a endereços numéricos graças a um sistema denominado **DNS** (*Domain Name System*).

A resolução de nomes de domínio (ou *resolução de endereços*) é a correlação entre os endereços IP e o nome de domínio associado.

Nomes de anfitriões

Nos primórdios do TCP/IP, como as redes eram muito pequenas, ou seja, o número de computadores ligados a uma única rede era pequeno, os administradores de rede criavam ficheiros chamados *tabelas de conversão manual*. Estas tabelas de conversão manual eram ficheiros sequenciais, geralmente designados por *hosts* ou *hosts.txt*, associando em cada linha o endereço IP da máquina e o nome literal associado, designado por *nome do anfitrião*.

2- Introdução ao sistema de nomes de domínio

No entanto, o sistema anterior de tabelas de conversão exigia que as tabelas de todos os computadores fossem actualizadas manualmente sempre que um nome de máquina fosse acrescentado ou alterado. Assim, com a explosão da dimensão das redes e das suas interligações, foi necessário criar um sistema de gestão de nomes hierárquico e mais fácil de administrar. O *Sistema de Nomes de* **Domínio** (**DNS**) foi desenvolvido em novembro de 1983 por Paul Mockapetris (RFC 882 e RFC 883), tendo sido revisto em 1987 nos RFCs 1034 e 1035. Desde então, o DNS tem sido objeto de numerosos RFC.

Este sistema oferece :

• um **espaço de nomes** hierárquico que garante a unicidade de um nome numa estrutura em árvore, da mesma forma que os sistemas de ficheiros Unix.

• um sistema de **servidores distribuídos** para disponibilizar o espaço de nomes.

• um sistema **cliente** para "resolver" nomes de domínio, ou seja, consultar os servidores para descobrir o endereço IP correspondente a um nome.

O espaço de nomes

A estrutura do sistema DNS baseia-se numa estrutura em árvore na qual são definidos domínios de nível superior.

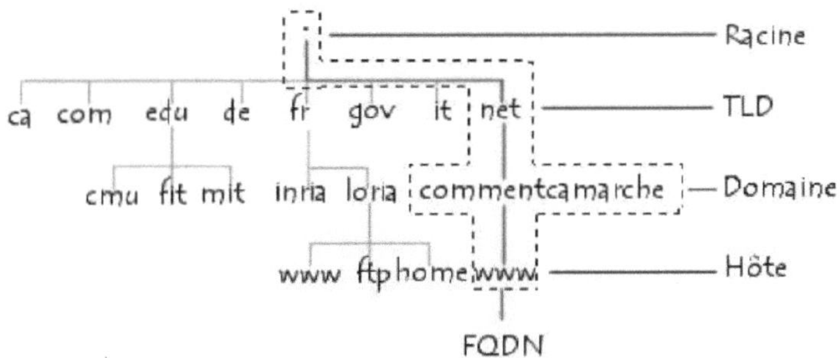

(designados por **TLDs**, para *Top Level Domains*), ligados a um nó de raiz representado por um ponto.

Cada nó da árvore é designado por "**nome de domínio**". Cada nó tem uma *etiqueta* com um máximo de 63 caracteres.

Todos os nomes de domínio juntos formam uma árvore invertida, com cada nó separado do seguinte por um ponto ("."). A extremidade de um ramo é designada por **anfitrião** e corresponde a uma máquina ou entidade de rede. O nome do anfitrião que lhe é atribuído deve ser único no domínio em questão ou no subdomínio, se aplicável. Por exemplo, o servidor Web de um domínio tem geralmente o nome *www*. A palavra "**domínio**" corresponde formalmente ao sufixo de um nome de domínio, ou seja, a todas as etiquetas dos nós de uma árvore, com exceção do anfitrião.

O nome absoluto correspondente a todas as etiquetas dos nós de uma árvore, separados por pontos e terminando com um ponto final, é designado por **endereço FQDN** (*Fully Qualified Domain Name*). A profundidade máxima da árvore é de 127 níveis e o comprimento máximo de um nome FQDN é de 255 caracteres. O endereço FQDN é utilizado para identificar de forma exclusiva uma máquina na rede de redes. Por exemplo, *www.commentcamarche.net* representa um endereço FQDN.

3- Servidores de nomes

As máquinas conhecidas como *servidores de nomes de domínio* são utilizadas para estabelecer a correspondência entre o nome de domínio e o endereço IP das máquinas numa rede.

Cada domínio tem um servidor de nomes de domínio, designado por *servidor de nomes de domínio* primário, e um *servidor de nomes de domínio* secundário, que substitui o servidor de nomes primário se este não estiver disponível.

Cada servidor de nomes é declarado num servidor de nomes de domínio do nível imediatamente superior, o que permite implicitamente a delegação de autoridade sobre domínios. O sistema de nomes é uma arquitetura distribuída, em que cada entidade é responsável pela gestão do seu próprio nome de domínio. Não existe, portanto, uma organização única responsável pela gestão de todos os nomes de domínio. Os servidores correspondentes aos domínios de topo (TLD) são designados **"servidores de nomes de raiz"**. Existem treze destes servidores, espalhados pelo mundo, com os nomes "a.root- servers.net" a "m.root-servers.net".

Um servidor de nomes define uma zona, ou seja, um conjunto de domínios sobre os quais o servidor tem autoridade. O sistema de *nomes de domínio* é transparente para o utilizador, mas os seguintes pontos não devem ser esquecidos:

• Cada computador deve ser configurado com o endereço de uma máquina capaz de transformar qualquer nome num endereço IP. Esta máquina é designada por Servidor de Nomes de Domínio. Não entre em pânico: quando se ligar à Internet, o seu ISP modificará automaticamente as definições da sua rede para que estes servidores de nomes estejam disponíveis para si.

• O endereço IP de um segundo *servidor de* nomes *de domínio* (servidor de nomes de domínio secundário) também tem de ser definido: o servidor de nomes secundário pode substituir o servidor de nomes primário em caso de avaria.

O servidor mais comum chama-se **BIND** (*Berkeley Internet Name Domain*).

Trata-se de uma aplicação de software livre disponível em sistemas UNIX, inicialmente desenvolvida pela Universidade de Berkeley, na

Califórnia, e atualmente mantida pelo *ISC* (*Internet Systems Consortium*).

4- Resolução de nomes de domínio

O processo de encontrar o endereço IP correspondente ao nome de um anfitrião é designado por "resolução de nomes de domínio". A aplicação que executa esta operação (normalmente integrada no sistema operativo) é designada por "*resolvedor*". Quando uma aplicação pretende ligar-se a um anfitrião conhecido pelo seu nome de domínio (por exemplo, www.commentcamarche.net), consulta um servidor de nomes definido na sua configuração de rede. Cada máquina ligada à rede tem na sua configuração os endereços IP de dois servidores de nomes pertencentes ao seu fornecedor de acesso.

É enviado um pedido ao primeiro servidor de nomes do ISP. Se este tiver o registo na sua cache, envia-o para a aplicação; caso contrário, consulta um servidor de raiz (no nosso caso, um servidor de raiz correspondente ao TLD ".net"). Este servidor raiz, por sua vez, devolverá o endereço IP do servidor de nomes autoritativo para o domínio (no nosso caso, devolverá os endereços IP dos dois servidores de nomes *commentcamarche.net*).

O servidor de nomes primário com autoridade sobre o domínio será então consultado e devolverá o registo correspondente ao anfitrião do domínio (no nosso caso, *www*).

5-Tipos de gravação

O DNS é uma base de dados distribuída que contém registos, designados **RR** (*Resource Records*), relativos a nomes de domínio. As informações abaixo só podem ser lidas pelos responsáveis pela administração de um domínio, uma vez que o funcionamento dos servidores de nomes é completamente transparente para os utilizadores. Devido ao sistema de cache que permite a distribuição do sistema DNS, os registos de cada domínio têm um tempo de vida, designado por **TTL** (*Time To Live*), que permite aos servidores intermédios saberem quando a informação expirou e se é ou não necessário voltar a verificá-la.

De um modo geral, um registo DNS contém as seguintes informações:

Nome de domínio (FQDN)	TTL	Tipo	Classe	Dados RD
www.commentcamarche.net.	3600	A	IN	163.5.255.85

- **Nome de domínio**: o nome de domínio deve ser um nome FQDN, ou seja, deve terminar com um ponto. Se o ponto for omitido, o nome de domínio é relativo, ou seja, o nome de domínio principal sufixará o domínio introduzido;

- **Tipo**: um valor de 16 bits que especifica o tipo de recurso descrito pelo registo. O tipo de recurso pode ser um dos seguintes:
  - **A**: é o tipo básico que estabelece a correspondência entre um nome canónico e um endereço IP. Podem também existir vários registos A, correspondentes a diferentes máquinas na rede (servidores).
  - **CNAME** (*CanonicalName*): permite-lhe criar corresponde a um alias para o nome canónico. É particularmente útil para fornecer nomes alternativos para diferentes serviços na mesma máquina.
  - **HINFO**: este é um campo puramente descritivo utilizado para descrever o hardware (CPU) e o sistema operativo (SO) de um anfitrião. Geralmente é aconselhável deixar este campo em branco para não fornecer informações que possam ser úteis aos hackers.
  - **MX** (*Mail eXchange*): corresponde ao servidor de gestão de correio eletrónico. Quando um utilizador envia uma mensagem de correio eletrónico para um endereço (utilizador@domínio), o servidor de correio de saída consulta o servidor de nomes com autoridade sobre o domínio para obter o registo MX. Podem existir vários registos MX por domínio, para garantir a redundância em caso de falha do servidor de correio principal. O registo MX pode ser utilizado para definir uma prioridade com um valor que varia de 0 a 65 535: www.commentcamarche.net. IN MX 10 mail.commentcamarche.net.
  - **NS**: corresponde ao servidor de nomes com autoridade sobre o domínio.
  - **PTR**: um ponteiro para outra parte do nomes de domínio.
  - **SOA** (*Start Of Authority*): o campo SOA é utilizado para descrevem o servidor de nomes com autoridade sobre a zona, bem como o endereço de correio eletrónico do contacto técnico (com o carácter "@" substituído por um ponto final).
- **Classe**: a classe pode ser **IN** (correspondente aos protocolos da Internet, pelo que este é o sistema utilizado no nosso caso) ou **CH** (para o sistema caótico);
- **RDATA**: são os dados correspondentes a o registo. As informações necessárias dependem do tipo de registo:
  - A: um endereço IP de 32 bits ;
  - CNAME: a ;
  - MX: um valor de prioridade de 16 bits, seguido de um nome de

anfitrião ;
o   NS: um nome de anfitrião ;
o   PTR: a ;
o   SOA: vários domínios.
5- Domínios de alto nível
Existem duas categorias de **TLD** (*Top Level Domain*):
Domínios "genéricos", conhecidos como **gTLDs** (*generic TLDs*). Os gTLD são nomes de domínio de topo genéricos classificados de acordo com o sector de atividade. Cada gTLD tem as suas próprias regras de acesso:
o   gTLDs históricos :
.   **.arpa** corresponde a máquinas da rede original ;
.   **.com** correspondia inicialmente a empresas comerciais. Este TLD tornou-se agora o "TLD por defeito" e a aquisição de domínios com esta extensão é possível, incluindo por particulares.
.   **.edu** corresponde a organizações educativas;
.   **.gov** corresponde a agências governamentais
.   **.int** corresponde a organizações internacionais ;
.   **.mil** corresponde a organizações militares ;
.   **.net** correspondia inicialmente a organizações relacionadas com redes. Nos últimos anos, este TLD tornou-se um TLD comum. Atualmente, é possível aos particulares adquirirem domínios com esta extensão.
.   **.org** corresponde normalmente a empresas sem fins lucrativos.
o   novos gTLDs introduzidos em novembro de 2000 pela ICANN :
.   **.aero** corresponde ao sector da aeronáutica;
.   **.biz** (*business*) correspondente a empresas comerciais ;
.   **.museu** corresponde a museus ;
.   **.name** corresponde aos nomes de pessoas ou de personagens imaginárias ;
.   **.info** corresponde a organizações que lidam com informação ;
.   **.coop** correspondente a cooperativas ;
.   **.pro** correspondente às profissões liberais.
o   gTLDs especiais :
.   **O domínio .arpa** corresponde a infra-estruturas de gestão de redes. O gTLD .arpa é utilizado para a resolução inversa de máquinas de rede, permitindo encontrar o nome correspondente a um endereço IP.
- Domínios "nacionais", conhecidos como **ccTLD** (country code TLDs). Os ccTLDs correspondem aos diferentes países e os seus nomes

correspondem às abreviaturas dos nomes dos países definidas pela norma ISO 3166. O quadro seguinte resume a lista de ccTLD.

6- Noção de portos

Muitos programas TCP/IP podem ser executados simultaneamente na Internet (por exemplo, é possível abrir vários browsers em simultâneo ou navegar em páginas HTML enquanto se descarrega um ficheiro via FTP). Cada um destes programas funciona com um protocolo, mas o computador deve ser capaz de distinguir entre as diferentes fontes de dados.

Para facilitar este processo, é atribuído a cada uma destas aplicações um endereço único na máquina, codificado em 16 bits: **uma porta** (a combinação de *endereço IP + porta* é então um endereço único no mundo, chama-se socket).

O endereço IP é, por conseguinte, utilizado para identificar de forma única um computador na rede, enquanto o número da porta indica a aplicação a que se destinam os dados. Desta forma, quando o computador recebe informações destinadas a uma porta, os dados são enviados para a aplicação correspondente. Se se tratar de um pedido à aplicação, esta é designada por aplicação **servidor**. Se se tratar de uma resposta, designa-se por aplicação **cliente**.

7- A função de multiplexagem

O processo de poder passar informações de diferentes aplicações através de uma ligação é designado por multiplexagem. Do mesmo modo, o processo de paralelização (ou seja, distribuição) do fluxo de dados entre diferentes aplicações é designado por **desmultiplexagem**.

Máquina   AMMáquina B

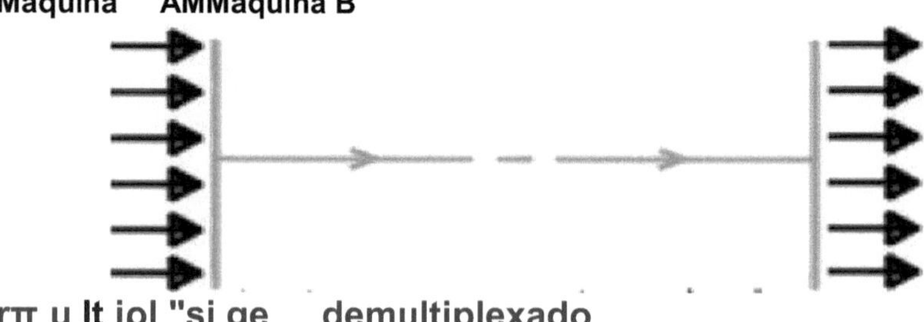

rтт u lt iрl "si ge   demultiplexado

Estas operações são efectuadas através de um porto, ou seja, um número associado a um tipo de aplicação que, combinado com um endereço IP, permite identificar de forma inequívoca uma aplicação em execução numa determinada máquina.

Atribuições por defeito.

Existem milhares de portas (estas são codificadas em 16 bits, pelo que existem 65536 possibilidades), razão pela qual foi desenvolvida uma atribuição normalizada pela **IANA** (*Internet Assigned Numbers Authority*) para ajudar a configurar as redes.

•	As portas 0 a 1023 são "**portas bem conhecidas**". São geralmente reservadas para processos do sistema (daemons) ou programas. executados por utilizadores privilegiados. Um administrador de rede pode, no entanto, vincular serviços às portas de sua escolha.

•	Os portos 1024 a 49151 são designados "**Portos registados**".

•	As portas 49152 a 65535 são "**Portas dinâmicas e/ou privadas**".

Eis algumas das portas reconhecidas mais frequentemente utilizadas:

Porto	Serviço ou aplicação
21	FTP
23	Telnet
25	SMTP
53	Sistema de nomes de domínio
63	Whois
70	Gopher
79	Dedo
80	HTTP
110	POP3
119	NNTP

Por exemplo, um servidor (um computador que é contactado e oferece serviços como FTP, Telnet, etc.) tem números de porta fixos aos quais o administrador da rede associou serviços. As portas de um servidor estão geralmente entre 0 e 1023 (uma gama de valores associados a serviços conhecidos).

No lado do cliente, a porta é escolhida aleatoriamente entre as disponíveis no sistema operativo. Por exemplo, as portas do cliente nunca estarão entre 0 e 1023, pois esse intervalo de valores representa *portas conhecidas*.

8- URL

Um **URL** (*Uniform Resource Locator*) é um formato de nomeação universal para um recurso na Internet. É uma cadeia de caracteres ASCII imprimíveis dividida em cinco partes:

. **O nome do protocolo**: por outras palavras, a linguagem utilizada para comunicar na rede. O protocolo mais utilizado é o HTTP (*HyperText*

Transfer Protocol), o protocolo utilizado para trocar páginas Web em formato HTML. No entanto, podem ser utilizados muitos outros protocolos (FTP, News, Mailto, Gopher, etc.).

- **Nome de utilizador e palavra-passe**: utilizados para especificar os parâmetros de acesso a um servidor seguro. Esta opção não é recomendada porque a palavra-passe é visível no URL
- **O nome do servidor**: Este é o nome de domínio do computador que aloja o recurso solicitado. Note-se que é possível utilizar o endereço IP do servidor, mas isso torna o URL menos legível.
- **Número de porta**: é um número associado a um serviço, que permite ao servidor saber que tipo de recurso está a ser pedido. A porta por defeito associada ao protocolo é a porta número 80. Assim, quando o serviço Web do servidor está associado ao número de porta 80, o número de porta é opcional.
- **O caminho de acesso ao recurso**: Esta última parte indica ao servidor onde se encontra o recurso, ou seja, geralmente a localização (diretório) e o nome do ficheiro pedido.

Por conseguinte, um URL tem a seguinte estrutura:

Protocolo	Palavra-passe (opcional)	Nome do Servidor	Porto (opcional se for 80)	Chemin
http://	utilizador:palavra-passe@	www.commentc amarche.net	: 80	/glossair/glos sair.php3

Os seguintes protocolos, por exemplo, podem ser utilizados através do URL:

- http, para visualizar páginas web
- ftp, para consultar sítios FTP
- telnet, para ligar a um terminal remoto
- mailto, para enviar uma mensagem de correio eletrónico
- wais
- esquilo

O nome do ficheiro no URL pode ser seguido por um ponto de interrogação e depois por dados em formato ASCII, que são dados adicionais enviados como parâmetro para uma aplicação no servidor (um script CGI, por exemplo). O URL terá então o aspeto de uma cadeia de caracteres como esta:
http://www.commentcamarche.net/forum/index.php3?cat=1&page=2
Codificar um URL
Dado que o URL é um meio de enviar informações através da Internet (para enviar dados a um script CGI, por exemplo), é necessário poder

enviar caracteres especiais, e os URL não podem conter caracteres especiais. Além disso, certos caracteres são reservados porque têm um significado (a barra é utilizada para especificar um subdiretório, os caracteres & e ? são utilizados para enviar dados através de formulários, etc.). Por último, os URL podem ser incluídos num documento HTML, o que dificulta a inserção de caracteres como < ou > no URL.

É por isso que a codificação é necessária! A codificação consiste em substituir os caracteres especiais pelo carácter % (que também se torna um carácter especial) seguido do código ASCII do carácter a codificar em notação hexadecimal.

CAPÍTULO 6

TECNOLOGIA DA INTERNET

1- Modem

O código Morse foi o primeiro sistema de codificação que permitiu a comunicação a longa distância. Foi *Samuel F.B. Morse* que o desenvolveu em 1844. Este código é composto por pontos e traços (uma espécie de linguagem binária...). Permitia comunicações muito mais rápidas do que o Pony Express. Na altura, o intérprete era um ser humano, pelo que um bom conhecimento do código era essencial...

Foram inventados vários códigos, incluindo o Código Emile Baudot (também conhecido como Código *Baudot*, os ingleses chamavam-lhe *Código Murray*).

Em 10 de março de 1876, o Dr. Graham Bell desenvolveu o telefone, uma invenção revolucionária que permitiu a transmissão de informações vocais através de linhas metálicas. A propósito, a Câmara dos Deputados decidiu que Antonio Meucci era o responsável pela invenção do telefone. Ele tinha pedido uma patente em 1871, mas não conseguiu financiá-la para além de 1874.

Estas linhas conduziram ao desenvolvimento das máquinas de escrever teletipo, máquinas que codificavam e descodificavam caracteres utilizando o código Baudot (os caracteres eram então codificados em 5 bits, pelo que só existiam 32 caracteres...).

Na década de 1960, o código ASCII (American Standard Code for Information Interchange) foi adotado como norma. Este código permite codificar caracteres em 8 bits, o que dá um total de 256 caracteres possíveis.

Com o advento das técnicas de digitalização e de modulação, por volta de 1962, e o desenvolvimento dos computadores e das comunicações, nasceu a transferência de dados por modem...

2- Princípio do modem

O modem é o dispositivo utilizado para transferir informações entre vários computadores (basicamente 2) através de linhas telefónicas. Os computadores funcionam digitalmente, utilizando linguagem binária (uma série de zeros e uns), mas os modems são analógicos. Os sinais digitais vão de um valor para outro, não há meio, não há metade, é tudo ou nada (um ou zero). Os sinais analógicos, por outro lado, não mudam em passos; abrangem todos os valores. Assim, pode ter 0, 0,1, 0,2, 0,3 ... 1,0 e todos os valores intermédios.

Um piano, por exemplo, funciona mais ou menos 'digitalmente' porque não há 'passos' entre as notas. Um violino, por outro lado, pode modular as suas notas para passar por todas as frequências possíveis.

Um computador funciona como um piano, um modem como um violino. O modem converte a informação binária do computador em analógica. Em seguida, envia este novo código pela linha telefónica. Se aumentarmos o som do modem, podemos ouvir ruídos estranhos.

Desta forma, o modem modula a informação digital em ondas analógicas; no sentido inverso, retraduz os dados analógicos em dados digitais. dados digitais   .

É por isso que modem significa MOdulateur/DEModulateur.

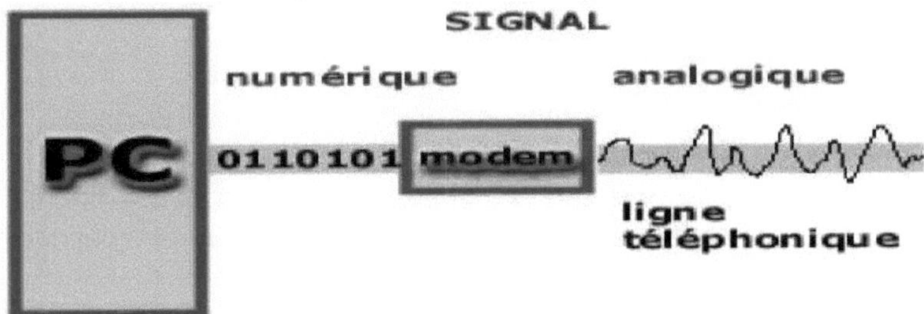

Ligação através da linha telefónica

Uma linha telefónica foi concebida para funcionar com um telefone, razão pela qual um modem tem de estabelecer comunicação com um computador remoto utilizando um número de telefone antes de poder trocar informações. Um protocolo é a linguagem utilizada pelos computadores para comunicarem entre si. Os dois protocolos mais utilizados são:

- Protocolo PPP
- o protocolo SLIP

3- O MODEM V90k (- 56FLEX)

Modems de 56 Kbps

A Rockwell introduziu uma nova norma: a norma K56flex. Esta norma é uma alternativa à tecnologia X2 da US ROBOTICS.

Permite atingir velocidades da ordem dos 56Kb/s numa ligação assíncrona. Difere em termos de codificação e de servidor.

O débito médio de dados é de 50 Kbps, mas a empresa pretende atingir débitos de cerca de 110 e depois 230 Kbps para dados com um elevado rácio de compressão. Inicialmente, era suposto as duas normas poderem evoluir.

As normas foram estabelecidas desde 1998. Consequentemente, a maioria dos modems oferece uma bios "flashable" (ou seja, um modem que pode ser atualizado). Graças à norma V90, os modems de 56 Kbps devem agora ser compatíveis entre si.

4- RDIS/RDIS

Numeris é a designação comercial da rede telefónica da *France Telecom* baseada na tecnologia **RDIS** (*Rede Digital de Serviços Integrados*).

Esta rede foi concebida para transportar dados (voz, imagens, faxes, etc.) separadamente das informações de sinalização. A RDIS deve o seu nome aos serviços adicionais que torna possíveis:

- apresentação da questão
- conversa a três
- sinal de chamada
- reencaminhamento de chamadas
- indicação dos custos de comunicação . .

Além disso, a RDIS garante 64 kbps, oferecendo a fiabilidade e o conforto indispensáveis às utilizações que exigem uma qualidade de serviço elevada.

5- Como funciona a RDIS

É necessário um adaptador (**TNA**, *Terminal Numérique d'Abonné*) para se ligar à rede Numéris. A velocidade é de 64 Kbps (128 utilizando dois canais) em vez dos 56 Kbps dos modems mais rápidos.

6- Linhas alugadas: T_1, T_2, T_3, T_4

As linhas alugadas são linhas especializadas (por vezes designadas por **LS**) que permitem a transmissão de dados a débitos médios e elevados (64 Kbps a 140 Mbps) numa base ponto-a-ponto ou multiponto (serviço Transfix).

Na Europa, existem cinco tipos de linhas, consoante a sua velocidade:

. E0 (64Kbps)

. E1 = 32 linhas EO (2Mbps)

. E2 = 128 linhas E0 (8Mbps)

. E3 = 16 linhas E1 (34Mbps)

. E4 = 64 linhas E1 (140Mbps)

Nos Estados Unidos, a classificação é a seguinte:

. *T1* (1,544 Mbps)

. *T2* = 4 linhas T1 (6 Mbps)

. *T3* = 28 linhas T1 (45 Mbps).

. *T4* = 168 linhas T1 (275 Mbps).

Para obter uma ligação à Internet, é geralmente necessário pagar uma taxa de subscrição a um fornecedor de serviços Internet ou a um serviço em linha. O preço desta ligação depende da velocidade de transferência de dados.

7- O cabo de ligação à Internet

As ligações à Internet por cabo permitem-lhe estar permanentemente ligado à Internet. Não é necessário esperar que a ligação seja estabelecida com o fornecedor de serviços, porque a ligação é direta. Já está disponível em muitas cidades francesas (Paris, Lyon, Nice, Le Mans, Annecy, Estrasburgo, etc.).

As vantagens:

- Não se paga uma ligação ao minuto, mas sim ao mês, o que significa custos mais baixos.

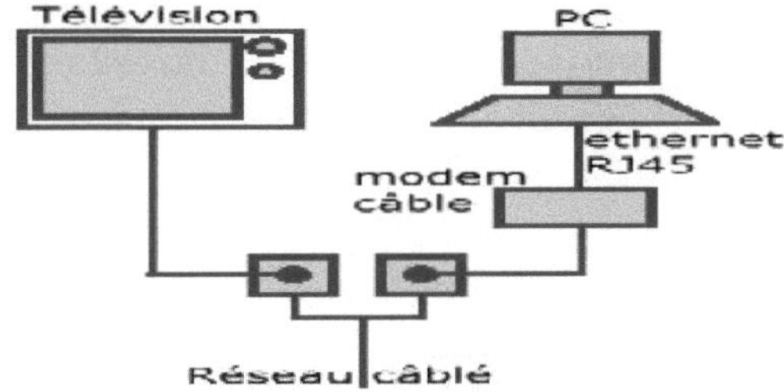

- A velocidade é muito superior à de um modem ...

O equipamento necessário para uma ligação por cabo

Para aceder a esta tecnologia, é necessário ter:

- O cabo
- Um fornecedor de acesso através deste cabo
- Um modem por cabo.

Um modem por cabo é um dispositivo que permite aceder à Internet através da rede por cabo.

Tem dois tipos de ligação: uma ligação coaxial (ao cabo) e uma ligação Ethernet RJ45 (à placa de rede do computador).

Teoricamente, é possível atingir velocidades de 10 Mbps, mas esta largura de banda é partilhada de acordo com a estrutura em árvore que o liga ao operador, pelo que pode estar (e provavelmente está) a partilhar a sua largura de banda com todos os moradores do seu prédio, ou seja, se todos os seus vizinhos estiverem a descarregar vídeos, o desempenho não será o melhor...

8- Clarificação dos termos xDSL e ADSL?

O termo **DSL** ou **xDSL** significa *Digital Subscriber Line (linha de assinante digital)* e reúne todas as tecnologias utilizadas para o transporte digital de informações através de uma simples linha de ligação telefónica. As tecnologias xDSL dividem-se em duas famílias principais: as que utilizam uma transmissão simétrica e as que utilizam uma transmissão assimétrica. Estas duas famílias serão descritas mais adiante neste documento.

ADSL significa *Asymmetric Digital Subscriber Line* (nos países francófonos, este termo é por vezes substituído por *LNPA*, que significa *Ligne Numérique à Paire Asymétrique*). Este sistema permite a coexistência, na mesma linha, de um canal a jusante de alta velocidade, de um canal a montante de média velocidade e de um canal de telefonia (denominado **POTS** em telecomunicações, que significa Plain Old Telephone Service).

9- A utilidade das tecnologias xDSL e ADSL

O rápido desenvolvimento das tecnologias da informação levou ao aparecimento de novos serviços que exigem grandes capacidades de transmissão. O acesso rápido à Internet, as videoconferências, a interconexão de redes, o teletrabalho, a distribuição de programas de televisão, etc., fazem parte destes novos serviços multimédia que os utilizadores desejam obter em casa ou no escritório. Até à data, os serviços de alta velocidade existentes (cabo coaxial, fibra ótica) não estavam bem adaptados às necessidades reais (cablagem demasiado cara para ser substituída por fibra ótica ou ligação instável por cabo coaxial). A ideia de utilizar par trançado parece ser a mais adequada, uma vez que já existem mais de 800 milhões de ligações deste tipo em todo o mundo e que, para aceder à ADSL, basta acrescentar um equipamento à central telefónica e uma pequena instalação em casa do utilizador.

Caraterísticas das tecnologias ADSL

O termo **DSL** ou **xDSL** pode ser dividido em vários grupos: HDSL, SDSL, ADSL, RADSL, VDSL. Cada um destes grupos tem a sua própria utilização e caraterísticas específicas. As diferenças entre estas tecnologias são as seguintes:

- Velocidade de transmissão
- Distância máxima de transmissão
- A variação do débito entre os fluxos a montante e a jusante
- A natureza simétrica ou não simétrica da ligação

A ligação ponto-a-ponto é feita através de uma linha telefónica entre dois equipamentos, o NT (Network Termination) instalado nas instalações do utilizador e o LT (Line Termination) instalado no centro de ligação.

Soluções simétricas

A ligação é feita através de pares entrançados com uma velocidade idêntica tanto para o carregamento como para o descarregamento. A **HDSL** (*High bit rate DSL*) é a primeira tecnologia derivada da DSL e foi introduzida no início da década de 1990.

Esta técnica consiste em dividir o tronco digital da rede, T1 na América e **E1** na Europa, em 2 pares de fios para T1 e 3 pares de fios para E1. Com esta técnica, é possível obter uma velocidade de dados de 2 Mbps em ambas as direcções através de três pares entrançados e de 1,5 Mbps em ambas as direcções através de dois pares entrançados. É possível que a velocidade, se for de 2 Mbps, possa baixar para 384 kbps segundos, por exemplo, dependendo da qualidade da linha e da distância da linha no último quilómetro (entre 3 e 7 km, dependendo do diâmetro do fio, entre 0,4 mm e 0,8 mm, respetivamente).

A ligação pode ser permanente, mas não existe um canal de telefonia disponível com uma ligação HDSL.

O problema atual desta tecnologia é que ainda não está totalmente normalizada. **A SDSL** (*Single pair DSL*, ou *DSL simétrica*) é a precursora da HDSL2 (esta tecnologia, derivada da HDSL, deverá oferecer o mesmo desempenho que a HDSL, mas através de um único par entrançado). Esta técnica é

concebida para distâncias mais curtas do que a HDSL (ver quadro abaixo). É provável que a tecnologia SDSL desapareça em favor da HDSL2.

Downstream : [Kbit/s]	Upstream : [Kbit/s]	Distância : [km]
128	128	7
256	256	6.5
384	384	4.5
768	768	4
1024	1024	3.5
2048	2048	3

Distâncias e velocidades de uma ligação SDSL

Soluções assimétricas

Ao estudarmos diferentes cenários, apercebemo-nos de que era possível transmitir dados mais rapidamente de uma central para um utilizador, mas que, quando o utilizador envia informações para a central, é mais sensível ao ruído causado por interferências electromagnéticas (quanto mais próximo estivermos da central, maior é a concentração de cabos, pelo que geram mais diafonia).

A ideia é, portanto, utilizar um sistema assimétrico, impondo uma velocidade inferior do assinante à central.

A ADSL (*Asymmetric Digital Subscriber Line*), tal como a HDSL, existe há cerca de dez anos e foi inicialmente desenvolvida para receber televisão através da rede telefónica tradicional. Mas o desenvolvimento da Internet deu a esta tecnologia uma nova função, permitindo navegar rapidamente na rede sem ter de utilizar uma linha telefónica. Atualmente, a ADSL é também uma das únicas tecnologias disponíveis no mercado que oferece o transporte de televisão/vídeo em formato digital (MPEG1 ou MPEG 2) através de uma ligação telefónica. A ADSL suporta igualmente o transporte de dados TCP/IP, ATM e X.25.

A norma ADSL foi finalizada em 1995 e inclui :

. Um canal telefónico com ligação analógica ou RDIS

. Um canal de ligação ascendente com uma capacidade máxima de 800 kbits/s

. Um canal a jusante com um débito máximo de dados de 8192 kbits/s

Tal como acontece com todas as tecnologias DSL, a distância do circuito entre a central e o utilizador não deve exceder determinados intervalos para garantir um bom débito de dados (ver quadro).

Downstream:[Kbit/s]	Upstream:[Kbit/s]	diâmetro do fio: [Mm]	Distância: [km]
2048	160	0.4	3.6
2048	160	0.5	4.9
4096	384	0.4	3.3
4096	384	0.5	4.3
6144	640	0.4	3.0
6144	640	0.5	4.0
8192	800	0.4	2.4
8192	800	0.5	3.3

Caudais em função da distância e do diâmetro do cabo

Para a transmissão de dados, os fabricantes de equipamentos ADSL utilizaram duas técnicas de modulação:

. **O CAP** (*Carrierless Amplitude and Phase Modulation*) é uma variante da tecnologia QAM (Quadratic Amplitude Modulation). Muito utilizado no início da era ADSL, este tipo de modulação nunca foi devidamente normalizado e, por conseguinte, não é possível a interoperabilidade entre equipamentos de diferentes fabricantes.

. **A DMT** (*Discrete Multi Tone*) é uma técnica de modulação mais recente. O seu princípio baseia-se na utilização de um grande número de subportadoras distribuídas pela banda de frequência utilizada pelo sistema (ver "Técnicas de modulação ADSL"). Este diagrama mostra os vários blocos funcionais que compõem uma ligação ADSL.

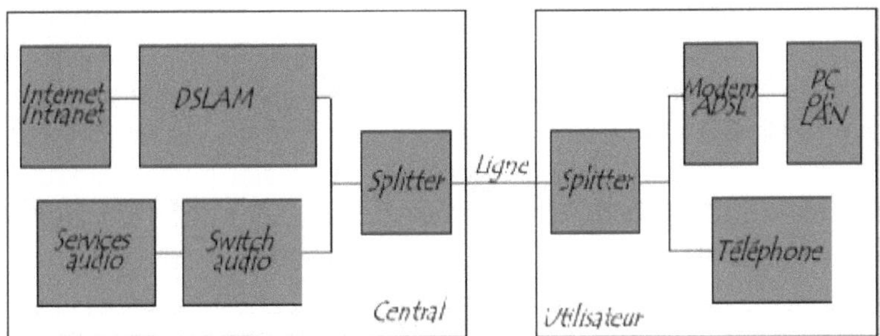

As duas categorias de serviços são separadas na rede e nas instalações do cliente por um repartidor.

No final de 1998, a **UIT** (*União Internacional das Telecomunicações*) normalizou uma nova norma: a **ADSL-Lite**, que é, de facto, uma versão mais leve da ADSL. A ADSL-Lite tem um débito de dados inferior ao da sua antecessora (cerca de 1,5 Mbit/s) e não necessita de um repartidor.

A tecnologia **RADSL** (Rate Adaptive DSL) baseia-se na ADSL. A velocidade de transmissão é definida de forma automática e dinâmica, procurando a velocidade máxima possível na linha de ligação e reajustando-a continuamente e sem interrupção.

A RADSL permitiria velocidades de ligação ascendente de 128 kbps a 1 Mbps e velocidades de ligação descendente de 600 kbps a 7 Mbps, para um comprimento máximo de lacete local de 5,4 km. A RADSL utiliza a modulação DMT (tal como a ADSL na sua maior parte). Está atualmente a ser normalizada pela ANSI.

A VDSL (*Very High Bit Rate DSL*) é a mais rápida das tecnologias DSL e baseia-se na RADSL. É capaz de suportar, num único par entrançado, velocidades de 13 a 55,2 Mbps a jusante e de 1,5 a 6 Mbps a montante ou, se pretender utilizá-la como ligação simétrica, uma velocidade de 34 Mbps em ambas as direcções. A VDSL pode ser utilizada como uma ligação assimétrica ou simétrica.

A VDSL foi desenvolvida principalmente para o transporte de alta velocidade **ATM** (*Asynchronous Transfer Mode*) em distâncias curtas (até 1,5 km).

A norma está atualmente a ser normalizada. Estão a ser estudadas as modulações QAM, CAP, DMT, DWMT (Discrete Wavelet MultiTone) e SLC (Simple Line Code).

Para o transporte de dados, o equipamento VDSL é ligado à central por fibras ópticas formando loops SDH de 155 Mbps, 622 Mbps ou 2,5 Gbps. O tráfego de voz entre o equipamento VDSL e a central também pode ser efectuado através de linhas de cobre. Como combinar uma rede analógica e ADSL na mesma linha Descrição de um cabo de cobre O par entrançado é constituído por dois condutores de cobre com um diâmetro entre 0,4 mm e 0,8 mm (raramente 1 mm). Os condutores são isolados e torcidos para reduzir a diafonia. Na maior parte das vezes, os pares entrançados são agrupados em quatro num cabo protegido por um revestimento de plástico. Cabos

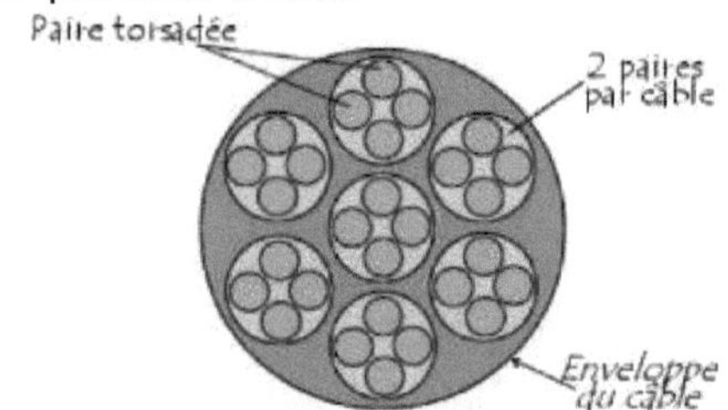

utilizados na rede telefónica são constituídos por 2 a 2.400 pares e não são blindados.

Os serviços telefónicos tradicionais requerem uma largura de banda de 3,1 kHz (a largura de banda entre 3oo Hz e 3400 Hz), mas os cabos que ligam as centrais telefónicas aos utilizadores têm todos uma largura de banda superior, da ordem de várias centenas de kHz. É sobre esta rede de acesso por cabo que se desenvolveram as novas tecnologias. técnicas xDSL.

Nas altas frequências, os problemas relacionados com a distância são os mais restritivos (atenuação, diafonia, distorção de fase). Nas baixas frequências, os problemas associados ao ruído de impulso dominam sem grandes dificuldades até 1 MHz. Para além disso, a sua utilização torna-se complicada e exige sistemas de transmissão de elevado desempenho.

As limitações da rede analógica

A taxa de bits máxima possível na rede analógica é de 33 600 bits/s no modo a montante e de 56 000 (teórica) no modo a jusante.

É fácil perceber por que razão é necessária uma tecnologia que ultrapasse a largura de banda de 3,1 kHz. De facto, a utilização de uma ligação RDIS já faz uso da tecnologia xDSL, uma vez que esta cobre um espetro de frequências até 80 kHz. Como explicado na secção 2.3.1, a técnica de modulação CAP foi abandonada em favor da técnica DMT, que foi adoptada para a norma ANSI T1.413-1995.

A DMT (Discrete Multi Tone) é uma forma de modulação multicarreira. Na sua aplicação à ADSL, o espetro de frequências entre 0 Hz e 1,104 MHz é dividido em 256 sub-canais distintos espaçados a 4,3125 kHz. Os sub-canais inferiores são geralmente reservados para o POTS, pelo que os sub-canais 1 a 6 (até 25,875 kHz) não são, em princípio, utilizados e são deixados para a telefonia analógica.

De acordo com o t1.413, apenas os sub-canais 1 a 31 podem ser utilizados para o fluxo a montante.

Os débitos a montante e a jusante são separados por EC (Echo Cancelling), que permite que os subcanais inferiores (de 1 a 31) sejam utilizados para jusante e montante, ou por FDM (Frequency Division Multiplexing), que é o mais utilizado devido à sua simplicidade e baixo custo, separando os subcanais a montante/jusante por um filtro passivo.

Distribuição dos canais DMT em POTS com CE

Os subcanais 1 a 6 são utilizados para a telefonia, os subcanais 7 a 31 para a ligação ascendente, o subcanal 32 é reservado e os subcanais 33 a 256 são utilizados para a ligação descendente. Note-se que os subcanais 16 e 64 são utilizados para transportar um sinal piloto e que os canais 250 a 256 só podem ser utilizados em linhas de ligação curtas. Acima de 1 MHz, as interferências são demasiado importantes para permitir um fluxo estável.

Neste caso, o DMT utiliza o cancelamento de eco nestes sub-canais, resultando num fluxo duplex nos sub-canais 7 a 31. Se o DMT tivesse aplicado FDM, apenas os subcanais superiores (33 a 256) seriam utilizados para downstream.

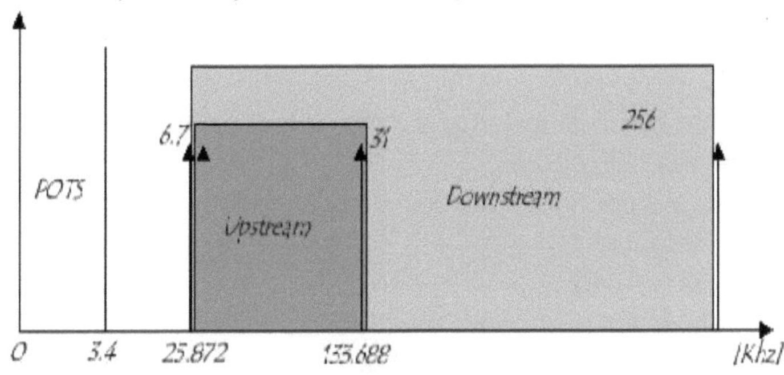

Atribuição de canais DMT em RDIS com FDM

83

Como vimos anteriormente, a RDIS utiliza a largura de banda inferior até 80 KHz (para a RDIS com 2B1Q - 2 Binary 1 Quaternary; codificação de 2 elementos binários num momento de modulação quaternária). Para permitir a utilização simultânea da RDIS e da ADSL na mesma linha telefónica, são libertados os subcanais 1 a 28.

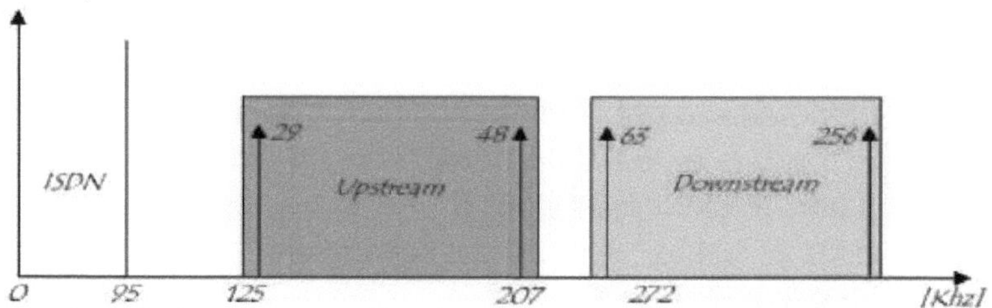

Os canais inferiores são utilizados para o débito a montante porque o equipamento do utilizador tem uma potência de transmissão inferior à do equipamento instalado na central, pelo que, ao transmitir a frequências mais baixas, o sinal sofrerá menos atenuação.

Utilizamos os canais superiores para o débito a jusante porque o equipamento localizado na central é fortemente perturbado pelo equipamento de transmissão de alta frequência, pelo que é mais eficiente transmitir nos canais superiores para beneficiar de uma melhor relação sinal/ruído.

Equipamento ADSL

O DSLAM

O DSLAM (Digital Subscriber Line Access Multiplexer) é um equipamento geralmente instalado nas centrais telefónicas para multiplexar os fluxos ATM para a rede de transporte.

Este elemento não só aloja placas ADSL, como também pode acomodar diferentes serviços DSL, como SDSL ou HDSL, inserindo as placas de multiplexagem correspondentes. Cada placa suporta vários modems ADSL. Os elementos agrupados no DSLAM são designados por ATU-C (ADSL Transceiver Unit, Central office end). Com efeito, todos os serviços disponíveis na rede (Internet, LAN-MAN-WAN, televenda, vídeo MPEG) chegam em banda larga a uma estação DSLAM e são depois redistribuídos aos utilizadores.

A manutenção e a configuração dos equipamentos DSLAM e ADSL são efectuadas à distância.

Modems e routers ADSL

Vimos no capítulo anterior como os dados são enviados de volta para o utilizador. Mas agora o utilizador tem de descodificar os dados, e este é o papel do modem, conhecido como ATU-R (ADSL Transceiver Unit, Remote terminal end).

Existem atualmente três tipos de modem, consoante as necessidades do utilizador:

- Com interface 10/100 baseT, para PCs equipados com placa Ethernet. ATMD 25 para PCs equipados com placas ATM ou para redistribuição de ADSL numa rede ATM.

- Com interface USB, para PCs equipados com interface USB. Se o utilizador pretender redistribuir a ADSL na sua rede informática, é preferível utilizar um router com interface ADSL.

O separador e o microfiltro

Em qualquer caso, o repartidor é instalado na central telefónica, a jusante do DSLAM e do comutador de áudio. Depois, se o utilizador tiver uma ligação RDIS, terá de instalar um repartidor em casa, a montante do modem e do NT RDIS.

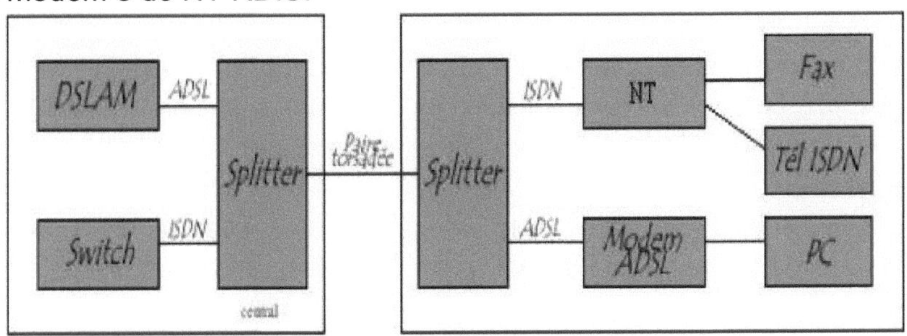

Se o utilizador tiver uma ligação analógica tradicional, não precisa de instalar um repartidor em casa, mas sim um microfiltro antes de cada aparelho telefónico.

Função do repartidor: o repartidor é um filtro de comutação que separa a largura de banda reservada ao serviço telefónico da largura de banda utilizada para a transmissão ADSL. Proporciona um desacoplamento suficiente para evitar que os sinais transmitidos numa das bandas de frequência interfiram com o funcionamento da outra. A instalação do separador é obrigatória para a ADSL com uma ligação RDIS.

Função do microfiltro: o microfiltro é um filtro passa-baixo e é instalado nas ligações analógicas. Por conseguinte, não é necessário instalar um repartidor.

O separador e o microfiltro

Graças à norma de radiodifusão digital terrestre DVB-T (Digital Video Broadcasting), é agora possível receber televisão digital em formato

MPEG num descodificador ligado a um televisor.

De momento, não existe no mercado um descodificador com um modem ADSL integrado. Por isso, é necessário um modem ADSL ao qual se pode ligar o descodificador MPEG DVB-T, que é depois ligado a um televisor.

10 - Introdução à oferta separada da linha de assinante

O **"lacete local"** é a parte final da linha telefónica que chega ao assinante. Para poder beneficiar do acesso à Internet de elevado débito (ADSL), os fornecedores de serviços Internet (ISP) têm de instalar equipamentos de ligação aos seus servidores nas centrais telefónicas do operador histórico, ou seja, nos **NRA** (*nós de ligação dos assinantes*) para onde são encaminhadas as linhas telefónicas dos assinantes. O objetivo da desagregação consiste em dar aos ISP acesso ao lacete local (completo ou não). No caso da desagregação parcial, a linha é mantida pelo operador histórico e apenas são alugadas as frequências utilizadas para o transporte de outros objectos que não a voz (< 4 KHz). Com a desagregação total, o ISP encarrega-se da manutenção da linha e transfere o preço da assinatura principal para o assinante da ADSL. No entanto, a desagregação total raramente é utilizada pelos operadores.

O operador histórico deve abrir as portas das suas ARN a outros fornecedores de serviços Internet, para que estes possam instalar o seu próprio equipamento numa sala especial. Por lei, a France Telecom, o operador histórico em França, dispõe de um prazo de três meses para colocar uma ARN à disposição de um ISP que a solicite. Durante estes três meses, o operador histórico deve criar duas salas na ARN:

- uma sala dedicada ao despachante,
- e uma sala de "desagregação" ou *de partilha de locais.*

O equipamento instalado pelos ISPs na sala de desagregação é designado por **DSLam** (*Digital Suscriber Line Access Multiplexer*). Os DSLams são ligados diretamente aos servidores do ISP através de ligações de fibra ótica. Estes DSLAMs podem ser utilizados para multiplexar vários tipos de dados (nomeadamente voz sobre IP, televisão e Internet).

Vamos resumir o caminho percorrido pelos seus dados durante uma ligação ADSL desagregada:

- A tomada telefónica de um assinante está ligada a um repartidor do operador histórico (o ponto de ligação para toda a vizinhança) situado numa ARN;

- Este quadro de distribuição está, por sua vez, ligado a uma cabeça de espelho, que é o ponto de divisão entre a sala do quadro de distribuição e a sala de desagregação, onde o ISP assume o controlo;
- As cabeças de espelho estão ligadas aos DSLAMs dos vários ISPs na sala de desagregação.
- Estes DSLAMs estão, por sua vez, ligados aos servidores dos ISPs através de ligações dedicadas (normalmente de fibra ótica).

CAPÍTULO 7

REDES INFORMÁTICAS
SEM FIO

Uma *rede* sem fios é, como o próprio nome indica, uma rede em que pelo menos dois terminais podem comunicar sem uma ligação com fios. Graças às redes sem fios, um utilizador pode manter-se ligado enquanto se desloca numa área geográfica mais ou menos vasta, razão pela qual se utiliza por vezes o termo "mobilidade".

As redes sem fios baseiam-se numa ligação que utiliza ondas de rádio (rádio e infravermelhos) em vez dos habituais cabos. Existem várias tecnologias, que diferem em termos da frequência de transmissão utilizada, bem como da velocidade e do alcance das transmissões.

As redes sem fios permitem ligar muito facilmente equipamentos situados entre dez metros e alguns quilómetros de distância. Além disso, a instalação destas redes não exige grandes alterações nas infra-estruturas existentes, como é o caso das redes com fios (abertura de valas para passar os cabos, equipamento dos edifícios com cablagem, calhas e conectores), o que levou ao rápido desenvolvimento deste tipo de tecnologia.

Por outro lado, existe o problema da regulamentação das transmissões radioeléctricas. As transmissões radioeléctricas são utilizadas para um grande número de aplicações (militares, científicas, amadoras, etc.), mas são sensíveis às interferências, razão pela qual são necessários regulamentos em cada país para definir as gamas de frequências e as potências a que é possível transmitir para cada categoria de utilização.

Além disso, as ondas de rádio são difíceis de confinar a uma pequena área geográfica, pelo que é fácil para um pirata informático escutar a rede se a informação for transmitida sem encriptação (que é a situação padrão). Por conseguinte, é necessário adotar as medidas necessárias para garantir a confidencialidade dos dados que circulam nas redes sem fios.

Categorias de redes sem fios

Existem normalmente várias categorias de redes sem fios, consoante a área geográfica que oferece conetividade (conhecida como *área de cobertura*):

Redes pessoais sem fios (WPAN)

As *redes pessoais sem fios* (WPAN) são redes sem fios com um curto alcance de algumas dezenas de metros. Este tipo de rede é geralmente utilizado para ligar periféricos (impressoras, telemóveis, electrodomésticos, etc.) ou um assistente pessoal digital (PDA) a um computador sem ligação por cabo, ou para permitir uma ligação sem fios entre duas máquinas muito próximas. Existem várias tecnologias utilizadas para as WPAN:

A principal tecnologia *WPAN* é o **Bluetooth**, lançado pela Ericsson em 1994, com uma taxa de dados teórica de 1 Mbps e um alcance máximo de cerca de trinta metros.

O Bluetooth, também conhecido como *IEEE 802.15.1*, tem a vantagem de consumir muito pouca energia, o que o torna particularmente adequado para utilização em pequenos dispositivos.

A norma HomeRF (*Home Radio Frequency*), lançada em 1998 pelo grupo de trabalho HomeRF (que inclui os fabricantes Compaq, HP, Intel, Siemens, Motorola e Microsoft), oferece uma velocidade de transmissão de dados teórica de 10 Mbps com um alcance de cerca de 50 a 100 metros sem amplificador. A norma HomeRF, apoiada em particular pela Intel, foi abandonada em janeiro de 2003, principalmente porque os fundadores de processadores estão agora a concentrar-se nas tecnologias Wi-Fi integradas (através da tecnologia *Centrino*, em que um microprocessador e um adaptador Wi-Fi estão integrados no mesmo componente).

A tecnologia **ZigBee** (também conhecida como *IEEE 802.15.4*) fornece ligações sem fios a um custo muito baixo e com um consumo de energia muito reduzido, o que a torna particularmente adequada para a integração direta em pequenos dispositivos electrónicos (electrodomésticos, alta-fidelidade, brinquedos, etc.).

Por último, as ligações **por infravermelhos** podem ser utilizadas para criar ligações sem fios com alguns metros de comprimento, com débitos de dados até alguns megabits por segundo. Esta tecnologia é muito utilizada para a domótica (comandos à distância), mas sofre de perturbações causadas por interferências luminosas. A irDA (*infrared data association*), criada em 1995, tem mais de 150 membros.

Redes locais sem fios (WLAN)

A *Wireless Local Area Network* (**WLAN**) é uma rede que cobre o equivalente a uma LAN de uma empresa, ou seja, um alcance de cerca de 100 metros. Pode ser utilizada para ligar terminais dentro da área de cobertura. Existem várias tecnologias concorrentes:

A rede Wifi (ou IEEE 802.11), apoiada pela WECA (Wireless Ethernet Compatibility Alliance), oferece velocidades até 54 Mbps numa distância de várias centenas de metros.

hiperLAN2 (*HIgh Performance Radio LAN 2.0*), uma norma europeia desenvolvida pelo ETSI (*European Telecommunications Standards Institute*). A HiperLAN 2 oferece um débito de dados teórico de 54 Mbps numa área de cerca de 100 metros na gama de frequências entre 5.150 e 5.300 MHz.

HiperLAN₂

Redes metropolitanas sem fios (WMAN)

A *rede de área metropolitana sem fios* (**WMAN**) é conhecida como um **lacete local via rádio** (*RLL*). As WMAN baseiam-se na norma *IEEE 802.16*. O lacete local via rádio oferece uma taxa de dados útil de 1 a 10 Mbit/s para um alcance de 4 a 10 quilómetros, razão pela qual esta tecnologia é principalmente utilizada pelos operadores de telecomunicações.

Redes de área alargada sem fios (WWAN)

A *Wireless Wide Area Network* (**WWAN**) é também conhecida como *rede móvel celular*. Estas são as redes sem fios mais difundidas, uma vez que todos os telemóveis estão ligados a uma rede de área alargada sem fios. As principais tecnologias são as seguintes:

- **GSM** (*Sistema Global de Comunicações Móveis*)
- **GPRS** (*General Packet Radio Service*)
- **UMTS** (*Universal Mobile Telecommunication System*) Propagação de ondas de rádio

Para criar uma arquitetura de rede sem fios e, em particular, para posicionar os terminais de acesso (*pontos de acesso*) de forma a obter um alcance ótimo, é necessário ter um conhecimento mínimo da propagação das ondas de rádio. As ondas de rádio (*RF* significa *Radio Frequency*) propagam-se em linha reta em várias direcções. [8]A velocidade de propagação das ondas no vácuo é de 3,10 m/s.

Em qualquer outro ambiente, o sinal é atenuado por

. Reflexão
- Refração
- Difração
- Absorção

Absorção de ondas de rádio

Quando uma onda de rádio encontra um obstáculo, parte da sua energia é absorvida e transformada em energia, parte continua a propagar-se a um nível atenuado e parte pode ser reflectida.

A redução da potência de um sinal durante a transmissão é designada por **atenuação**. A atenuação é medida em bels (símbolo *B*) e é igual ao logaritmo de base 10 da potência à saída do meio de transmissão, dividida pela potência à entrada. Geralmente, preferimos utilizar o *decibel* (cujo símbolo é *dB*) correspondente a um décimo do valor em Bels. Um Bel representa 10 decibéis, pelo que a fórmula passa a ser: R (dB) = (10) * log (P2/P1)

Quando R é positivo, falamos de *amplificação*, quando é negativo, falamos de *atenuação*. No caso das transmissões sem fios, trata-se mais especificamente de atenuação.

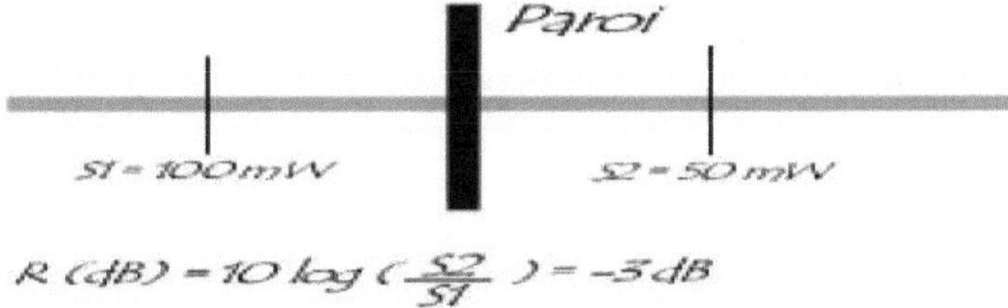

A atenuação aumenta com o aumento da frequência ou da distância. Além disso, quando se choca com um obstáculo, a atenuação depende muito do material de que o obstáculo é feito. Os obstáculos metálicos provocam geralmente uma forte reflexão, enquanto a água absorve o sinal.

Reflexão das ondas de rádio

Quando uma onda de rádio encontra um obstáculo, a totalidade ou parte da onda é reflectida, com perda de potência. A reflexão é tal que o ângulo de incidência é igual ao ângulo de reflexão.

Por definição, uma onda de rádio pode propagar-se em várias direcções. Através de reflexões sucessivas, um sinal de origem pode chegar a uma estação ou ponto de acesso através de múltiplos *caminhos* (conhecidos como *multipercurso*).

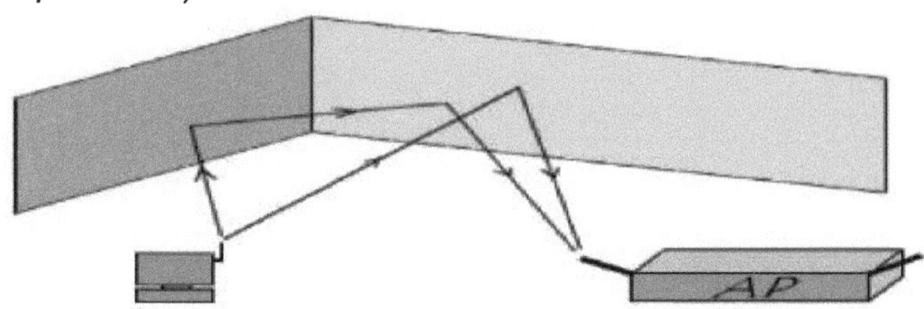

A diferença nos tempos de propagação (conhecida como *atraso de propagação*) entre dois sinais que seguiram caminhos diferentes pode causar interferências no recetor porque os dados recebidos se sobrepõem.

Esta interferência torna-se cada vez mais significativa à medida que a velocidade de transmissão aumenta, porque os intervalos de tempo entre os dados são cada vez mais curtos. Por conseguinte, os múltiplos caminhos de propagação limitam a velocidade de transmissão nas redes sem fios.

Para resolver este problema, as placas Wi-Fi e os pontos de acesso dispõem de duas antenas por emissor. Graças à ação do *AGC* (*Aquisition Gain Controller*), que muda imediatamente de uma antena para a outra em função da intensidade do sinal, o ponto de acesso é capaz de distinguir dois sinais provenientes da mesma estação. Diz-se que os sinais recebidos por estas duas antenas são *descorrelacionados* (independentes) se estiverem separados por Lambda/2 (6,25 cm a 2,4 GHz).

Propriedades dos meios

A atenuação da potência do sinal deve-se em grande parte às propriedades do meio através do qual a onda viaja. Segue-se uma tabela que mostra os níveis de atenuação para diferentes materiais:

Materiais	Enfraquecimento	Exemplos
Ar	Não	Espaço aberto, pátio
Madeira	Baixa	Porta, pavimento, divisória
Plástico	Baixa	Partição
Vidro	Baixa	Vidros não fumados
Vidro fumado	Médio	Vidros fumados

Água	Médio	Aquário, fonte
Seres vivos	Médio	Multidões, animais, seres humanos, vegetação
Tijolos	Médio	Paredes
Gesso	Médio	Divisórias
Cerâmica	Elevado	Ladrilhos
Papel	Elevado	Rolos de papel
Betão	Elevado	Paredes, pavimentos e pilares de suporte de carga
Vidro blindado	Elevado	Vidro à prova de bala
Metal	Muito elevado	Betão armado, espelhos, armário metálico, poço de elevador

Existem diferentes O equipamento utilizado para a instalação de uma rede sem fios Wifi :

- *Adaptadores* **sem fios** ou *controladores de interface de rede* (*NIC*): são placas de rede da norma 802.11 que permitem a uma máquina ligar a uma rede sem fios. Os adaptadores WiFi estão disponíveis em vários formatos (placa PCI, placa PCMCIA, adaptador USB, cartão CompactFlash, etc.).

Qualquer equipamento com um cartão deste tipo é designado por **estação**.

- **Os pontos de acesso** (**AP** para *Access Point,* por vezes designados por *terminais sem fios*) fornecem acesso à rede com fios (à qual está ligado) às estações vizinhas equipadas com placas WiFi.

A norma 802.11 define dois modos de funcionamento:

- O modo de infraestrutura em que os clientes sem fios estão ligados a um ponto de acesso. Este é geralmente o modo predefinido para as placas 802.11b.

- Modo ad hoc em que os clientes estão ligados uns aos outros sem qualquer ponto de acesso.

Modo de infraestrutura

No **modo de infraestrutura**, cada estação de computador (**STA**) liga-se a um ponto de acesso através de uma ligação sem fios. O conjunto formado pelo ponto de acesso e as estações localizadas na sua área de cobertura é designado por *conjunto de serviços básicos* (**BSS**) e constitui uma célula. Cada *BSS* é identificado por um *BSSID*, um identificador de 6 bytes (48 bits). No modo *de infraestrutura*, o *BSSID* corresponde ao endereço MAC do ponto de acesso.

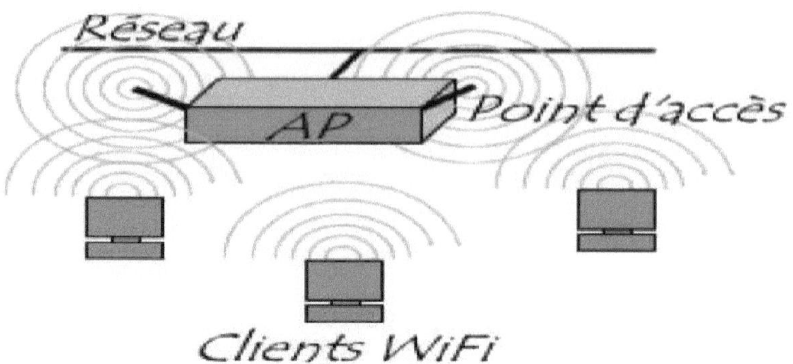

Vários pontos de acesso (ou, mais precisamente, vários *BSS*) podem ser ligados entre si por uma ligação conhecida como *sistema de distribuição* (**DS** para *Distribution System*) para formar um *conjunto alargado de serviços* (*ESS*). O sistema de distribuição (*DS*) pode ser uma rede com fios, um cabo entre dois pontos de acesso ou mesmo uma rede sem fios!

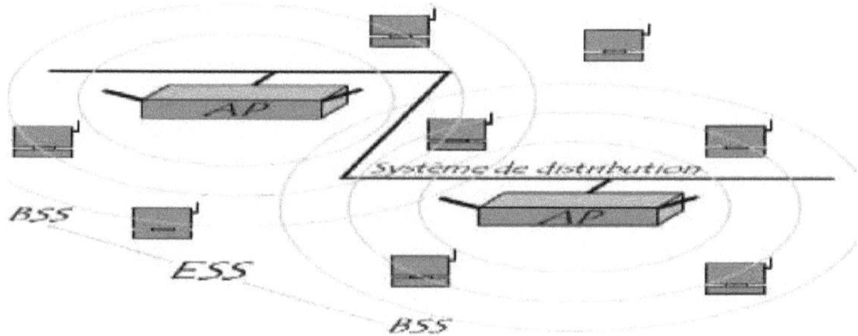

Um *ESS* é identificado por um **ESSID** (*Service Set Identifier*), ou seja, um identificador de 32 caracteres (em formato ASCII) utilizado como nome para a rede. O *ESSID*, frequentemente abreviado para **SSID**, é o nome da rede e representa um primeiro nível de segurança, na medida em que o conhecimento do **SSID** é necessário para que uma estação se ligue à WAN.

Quando um utilizador móvel se desloca de um *BSS* para outro à medida que se desloca no *ESS*, o adaptador de rede sem fios do seu aparelho pode mudar de ponto de acesso em função da qualidade de receção dos sinais dos diferentes pontos de acesso. Os pontos de acesso comunicam entre si através do sistema de distribuição, a fim de trocar informações sobre as estações e, se necessário, transmitir dados das estações móveis. Esta caraterística, que permite às estações deslocarem-se "sem problemas" de um ponto de acesso para outro, é conhecida por **roaming**.

Comunicação com o ponto de acesso

Quando uma estação entra numa célula, emite um pedido de *sonda* em cada canal contendo o *ESSID* para o qual está configurada e as taxas de dados suportadas pelo seu adaptador sem fios. Se não estiver configurado nenhum *ESSID*, a estação escuta a rede à procura de um *SSID*.

Cada ponto de acesso transmite regularmente (a uma taxa de uma transmissão a cada 0,1 segundos, aproximadamente) um **quadro beacon** que fornece informações sobre o seu *BSSID*, as suas caraterísticas e, possivelmente, o seu *ESSID*. O *ESSID* é transmitido automaticamente por defeito, mas é possível (e recomendado) desativar esta opção.

Cada vez que um pedido de sondagem é recebido, o ponto de acesso verifica o *ESSID* e o pedido de débito no *quadro de balizas*. Se o *ESSID* coincidir com o do ponto de acesso, este último envia uma resposta com informações sobre a sua carga e dados de sincronização. A estação que recebe a resposta pode assim ver a qualidade do sinal emitido pelo ponto de acesso para avaliar a distância a que se encontra. De um modo geral, quanto mais próximo estiver um ponto de acesso, melhor será o débito.

Uma estação ao alcance de vários pontos de acesso (obviamente com o mesmo *SSID*) poderá **escolher** o ponto de acesso que oferece o melhor compromisso entre débito e carga.

Modo ad hoc

No **modo ad hoc**, as máquinas clientes sem fios ligam-se umas às outras para formar uma rede *ponto a ponto*, ou seja, uma rede em que cada máquina actua simultaneamente como cliente e como ponto de acesso.

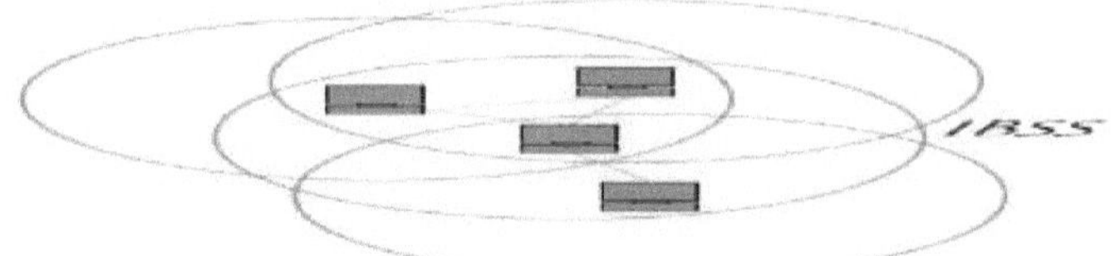

O conjunto formado pelas diferentes estações é designado por **conjunto independente de serviços** *básicos* (*IBSS*).

Uma *IBSS* é uma rede sem fios constituída por, pelo menos, duas estações e não utiliza um ponto de acesso. A *IBSS* é, portanto, uma rede efémera que permite a troca de dados entre pessoas que se encontram na mesma sala. É identificada por um *SSID*, tal como uma *ESS* em modo de infraestrutura.

Numa rede ad hoc, o alcance do *BSS independente* é determinado pelo alcance de cada estação. Isto significa que, se duas das estações da rede estiverem fora do alcance uma da outra, não poderão comunicar, mesmo que "vejam" outras estações. Ao contrário do modo de infraestrutura, o modo *ad hoc* não oferece um *sistema de distribuição* capaz de transmitir quadros de uma estação para outra. Por conseguinte, uma *IBSS* é, por definição, uma rede sem fios restrita.

CONCLUSÃO

Este manual é o resultado de muito trabalho e ginástica científica e está à disposição de qualquer investigador a quem seja dada a oportunidade de fazer melhor.

Pelo menos alguns dos conceitos importantes das redes de computadores foram descritos para que todos os leitores tenham uma ideia básica do que são.

A sua utilização permitirá conhecer as redes informáticas: estrutura, composição, transmissão de dados, equipamentos, etc.

A implementação, por outro lado, dependerá do nível da sua cultura.

A informática é um domínio vasto, e a todos é dada a oportunidade de o prosseguir, a fim de atenuar as dificuldades encontradas, nomeadamente em matéria de documentação.

Pedimos que não nos censurem por eventuais falhas aqui assinaladas, pois o homem é fraco: "Quem ama a ciência, ama a correção".

Todos os comentários são bem-vindos.

"O autor

BIBLIOGRAFIA

Publicações

1- Claude SERVIRE, Réseaux et Télécoms, Dunod, Paris, 2009

2- Guy PUJOLLE, Les réseaux, Edition Eyrolles, Paris, 2008

3- Jean François PILLOU, Commentçamarche, 2009

4- LESCOP YVES, Architecture des réseaux locaux, Universidade de Toulouse, 2002, Inédito

5- R. PEZO N. BIYO, Iniciação à teoria e à prática da rede informática, CRIGED, Kinshasa 2012 ;

6- Romain Jalloul, Nadia El Akremi, Mohamed Ben Rhouma, Sistema Operativo e Redes Informáticas, Centre National Pédagogique, Tunísia (-)

Outras fontes

1- Compreender o computador, O que é a Internet?

2- Curso de microbiologia, 4.ª série de Humanidades

3- Mukedi Diesta-Mputu Delphin, Conception d'un système informatique de gestion des impôts et taxes à payer d'une entreprise, Tese de licenciatura, ISIPA, Kinshasa, 1994.

4- Mukedi Diesta-Mputu Delphin, Notes de Cours de Système d'exploitation Comparé, au deuxième Cycle Informatique (Réseau et Conception de Système d'Information) [não publicado].

http://www.person.clucb_internet.fr

www.wikipedia.org

www. Mémoire online

www.yumens.fr

yes
I want morebooks!

Buy your books fast and straightforward online - at one of world's fastest growing online book stores! Environmentally sound due to Print-on-Demand technologies.

Buy your books online at
www.morebooks.shop

Compre os seus livros mais rápido e diretamente na internet, em uma das livrarias on-line com o maior crescimento no mundo! Produção que protege o meio ambiente através das tecnologias de impressão sob demanda.

Compre os seus livros on-line em
www.morebooks.shop

Printed by Books on Demand GmbH, Norderstedt / Germany